Eliseo tomó el manto que [cayó] del Jordán diciendo: "¿Dónde está Jehová, el Dios de Elías?".

Creo que Dios en la actualidad observa el umbral del cielo color zafiro y se pregunta: "¿Dónde están mis Elías?".

El mundo gime fatigado, esperando por la manifestación de aquéllos que se levantarán como seguidores de Dios y líderes de hombres.

Todo aquel que haya sido nacido de nuevo tiene la naturaleza y el carácter de Dios plantados muy dentro de sí por medio del Espíritu Santo. En su libro, el Dr. Myles Munroe le dará una perspectiva incalculable en su búsqueda por descubrir y desarrollar el espíritu de un líder.

—*Pastor Rod Parsley*
Iglesia World Harvest/Breakthrough

En este libro el Dr. Myles Munroe ha identificado lo más delicado de las religiones, condición social y económica del mundo de hoy. El ha perforado los mitos sobre el liderazgo y los líderes, y, expuso la conexión alusiva para que todos miremos que: "El liderazgo genuino… es una actitud del corazon". Desearía que este manual invadiera cada biblioteca, cada sala de conferencias y centros de entrenamientos y conquistara los corazones de los líderes designados y naturales de todo el mundo.

—*Su Excelencia Dame Ivy Dumont*
Gobernador General
Estado Libre de Las Bahamas

El Espíritu de Liderazgo habla directamente y quizás a una de las más grandes necesidades de nuestro mundo de hoy… Este es un libro cargado de enseñanzas profundas y prácticas. Cuando es estudiado y aplicado, éste tiene el potencial de equipar a millones con el espíritu de liderazgo.

—*Hon. James Oswald Ingraham, J. P., M. P.*
Portavoz de la Casa
Estado Libre de Las Bahamas

ESPIRITU *de* LIDERAZGO

CULTIVANDO LAS ACTITUDES QUE INFLUENCIAN LA ACCIÓN HUMANA

DR. MYLES MUNROE

WHITAKER HOUSE

Nota del Editor: Las referencias de las Escrituras se encuentran al final del libro, antes de las notas bibliográficas. A menos que se indique lo contrario, todas las citas bíblicas han sido tomadas de la *Santa Biblia, Versión Reina Valera* © 1960 por la Sociedad Bíblica Internacional. Aquellas citas bíblicas señaladas (NVI) son tomadas de la *Santa Biblia, Nueva Versión Internacional* © 1999 por la Sociedad Bíblica Internacional. Reservados todos los derechos. Aquellas citas bíblicas señaladas (LBLA) son tomadas de *La Biblia de las Américas* © 1999 por *The Lockman Foundation*. Usadas con permiso. Las indicaciones de concordancia señaladas (NCEB) son tomadas de la *Nueva Concordancia Exhaustiva de la Biblia* por *The Lockman Foundation*. Usadas con permiso.

Traducción al español por: Sara Castillo Ramos.

Nota de la traductora: Para mayor facilidad de traducción, el género masculino, en todas sus formas tanto plural como singular (i.e.: él, ellos, hombre, hombres, hijo, hijos, etc.), se utiliza en este libro en forma inclusiva para referirse a ambos géneros (masculino y femenino).

EL ESPÍRITU DE LIDERAZGO:
Cultivando las actitudes que influencian la acción humana
Publicado originalmente en inglés bajo el título *The Spirit of Leadership*.

Dr. Myles Munroe
Ministerio Internacional de Fe de las Bahamas
P. O. Box N9583
Nassau, Bahamas
Correo electrónico: bfmadmin@bfmmm.com
Sitios electrónicos: www.bfmmm.com; www.bfmi.tv www.mylesmunroe.tv

ISBN-13: 978-0-88368-995-0
ISBN-10: 0-88368-995-2
Impreso en los Estados Unidos de América
© 2005 por el Dr. Myles Munroe

Whitaker House
1030 Hunt Valley Circle
New Kensington, PA 15068
www.whitakerhouse.com

Library of Congress Cataloging-in-Publication Data
Munroe, Myles.
[Spirit of leadership. Spanish]
El espíritu de liderazgo : cultivando las actitudes que influencian la acción humana / Myles Munroe.
        p.   cm.
Summary: "Defines the unique attitudes that all effective leaders exhibit, how to eliminate hindrances to your leadership abilities, and how to fulfill your particular calling in life"
—Provided by publisher.
Includes bibliographical references
ISBN-13: 978-0-88368-995-0 (trade pbk. : alk. paper)
ISBN-10: 0-88368-995-2 (trade pbk. : alk. paper)
1. Leadership—Religious aspects—Christianity. 2. Leadership. I. Title.
BV4597.53.L43M8618 2005
158'.4—dc22   2005031061

Ninguna parte de este libro podrá ser reproducida o transmitida en ninguna forma o por ningún medio electrónico o mecánico, incluyendo fotocopia, cinta magnetofónica, sistema de almacenaje y recuperación (o reproducción) de información, sin el debido permiso escrito de los publicadores. Por favor envíe sus preguntas a permissionseditor@whitakerhouse.com.

Dedicatoria

A mis estudiantes y a todos aquellos que he deseado ayudar a descubrir sus verdaderos potenciales de liderazgo.

A todas las personas que calmadamente soñaron en ser alguien o hacer algo significativo con sus vidas, pero no podían creer que fuera posible. A los soñadores silenciosos con una pasión de grandeza quienes sufren por la intimidación de sus culturas y contextos sociales.

A los millones de personas del Tercer Mundo, físicamente atrapados por los conceptos erróneos de muchos equivocados supuestos líderes que intentaron robarles sus verdaderas capacidades y potenciales de liderazgo.

A los líderes aspirantes y en desarrollo que hay en todos nosotros—que podamos descubrir el verdadero significado del liderazgo.

A mis estimados colegas y compañeros administradores de la Asociación Internacional de Líderes del Tercer Mundo. Ustedes son ejemplos reales del verdadero espíritu de liderazgo.

Reconocimientos

Esta obra es el resultado de una larga vida de aprendizaje y desarrollo personal, y es también, la contribución colectiva de muchos mentores, maestros, ayudadores, consejeros, amigos y familiares. Estoy sumamente conciente del hecho de que todos somos la suma total de lo que hemos aprendido, así como el producto de las contribuciones hechas por muchas otras personas a nuestras vidas mientras nos dirigimos a nuestro destino final.

Ningún logro en la vida es sin la ayuda de muchos individuos conocidos y desconocidos que han impactado nuestras vidas. Debemos cada porción de nuestro éxito al apoyo de muchos. A continuación, presenta a algunos que hicieron posible esta obra:

A mi querida esposa, Ruth, por su constante apoyo.

A mis hijos, Charissa y Chairo (Myles Jr.), por permitirle a su padre buscar su pasión y propósito. Les amo y confío en ustedes para manifestar el propósito del verdadero liderazgo.

A Lois Smith Puglisi, mi talentosa y excelente editora. Su implacable seguimiento y paciencia conmigo durante el inicio, desarrollo y entrega de esta obra fue una gran fuente de motivación y estímulo. Eres el sueño de todo escritor y un regalo al arte literario.

A Bob Whitaker Jr., por su estímulo con este proyecto. Eres de beneficio al mundo de la publicación.

A todos los miembros y seguidores de MIFB que me permitieron el privilegio de desarrollar, compartir y probar las ideas y principios de este libro durante nuestra relación de los últimos veinticinco años. Sin ustedes, mi visión pudo haber sido sólo un sueño. Estoy por siempre agradecido.

También deseo agradecer a muchos amigos especiales que me animaron durante este proyecto especial, incluyendo a Willie y Denis Johnson; su Excelencia Dame Ivy Dumont, Gobernadora General del Estado Libre de las Islas Bahamas; Dra. Lucile Richardson; Dr. Jerry Horner; y, a mi amado padre, Matthias Munroe.

Finalmente, reconozco y agradezco al más grande Líder de líderes, quien estableció las normas de todos los verdaderos propósitos para vivir a la altura. Estoy por siempre endeudado y agradecido por su regalo eterno de la vida y por encender dentro de mí, el espíritu del liderazgo.

Contenido

Prefacio 13
Introducción 18

Parte 1: El descubrimiento del liderazgo 23
   1. El líder escondido en usted 24
   2. ¿Qué es un verdadero líder? 52
   3. El liderazgo del espíritu 81
   4. El espíritu de liderazgo 123
   5. La pérdida del liderazgo del espíritu 150
   6. Liderar sin liderazgo 164
   7. La restauración del liderazgo del espíritu 186
   8. La habilidad del liderazgo sin la actitud 200
   9. Recobrando el espíritu de liderazgo 208

Parte 2: Actitudes de los verdaderos líderes 223
  10. Propósito y pasión 224
  11. Iniciativa 234
  12. Prioridades 239
  13. Trazando metas 243
  14. Trabajo en equipo 248
  15. Innovación 254
  16. Rendir cuentas 259
  17. Persistencia 263
  18. Disciplina 267
  19. Cultivación propia 271
  20. Actitudes del liderazgo para cultivar 273

Apéndices: Maximizando su potencial de liderazgo 279
   Cualidades esenciales y características
      del verdadero liderazgo 280
   Valores del espíritu de liderazgo 283
   Transformando seguidores en líderes 286
   Una palabra para el Tercer Mundo 288
Referencias de las Escrituras 290
Notas bibliográficas 297
Acerca del autor 300

Prefacio

Dentro de cada seguidor hay un líder escondido. La calidad más importante de un verdadero líder es el **espíritu de liderazgo**. Todo humano posee el liderazgo del espíritu, pero sólo aquellos quienes capturan el espíritu de liderazgo llegan a ser siempre los verdaderos líderes efectivos.

Durante los últimos treinta años, he tenido el privilegio de hablarle a millones de personas a través de varios de mis programas y a miles por medio de mis seminarios, conferencias e institutos de entrenamiento en más de setenta países. Mi enfoque ha sido el asistir a otros a descubrir sus sentidos de propósitos, maximizar sus potenciales inexplorados y descubrir sus habilidades de liderazgo.

He recibido miles de testimonios de cómo los materiales, talleres y seminarios de liderazgo, han ayudado a muchos para encontrar sus visiones, renovar sus enfoques y producir una mejor vida. Me complace y honra tener el privilegio de ayudar a otros a alcanzar sus metas personales y colectivas.

El ingrediente faltante

Sin embargo, había un reto que tuve por muchos de esos años: Traté de entender por qué, no importa cuántos principios, preceptos y programas que le enseñara a las personas acerca del tema del liderazgo, siempre parecía hacer falta un ingrediente, el cual era la barrera que les impedía a muchos de ellos a abrirse hacia la capacidad del liderazgo que yo sabía que existía en ellos.

Atrapado dentro de cada seguidor hay un líder escondido.

He leído miles de libros, artículos, revistas y documentos de investigación sobre el tema del liderazgo; he asistido a un sin número de seminarios, conferencias y simposios tratando con el desarrollo del liderazgo, y todavía no puedo identificar, definir o entender completamente la misteriosa clave que ha separado y distinguido al líder del discípulo. No fue, sino hasta hace unos años, durante una de mis sesiones de liderazgo con un grupo de profesionales, dueños de negocios, religiosos, gubernamentales y propósito colectivos en Inglaterra que empecé a obtener visión de este misterio del liderazgo. Me llevé esta visión de regreso a casa en Nassau, Bahamas, donde podía estudiar a mi personal y miembros de nuestra organización, para tratar de clarificar principios específicos que diferencian a un líder de los seguidores. Este libro es el resultado de este estudio y la aplicación subsiguiente de estos principios en las vidas de muchos de mis estudiantes y clientes.

Un descubrimiento interno de la personalidad

Poniéndolo de manera simple, descubrí que el **pensamiento** de un líder es lo que lo separa de los discípulos. Descubrí que los verdaderos líderes se distinguen por una **actitud mental única** que emana de un descubrimiento interno del yo, el cual crea un concepto propio de fuerza, positivismo, confianza y de valor. A esto le llamo actitud mental única, **el espíritu**

Prefacio

de liderazgo. Esta es una actitud que afecta a toda la vida del líder y controla la reacción de él o ella ante la vida, el peligro, las crisis, los inconvenientes, las fallas, los desafíos y el estrés. Esta actitud le da al líder un sentido de confianza, fe y seguridad en las posibilidades. Esto inspira a otros para que tengan esperanza al enfrentar las grandes ventajas y motivan al líder a cultivar un espíritu de propósito, valentía, pasión y convicción.

Este espíritu del liderazgo es concebido en el vientre de una revelación personal dentro del líder y se manifiesta en cualidades específicas y características. En este libro, vamos a explorar cómo una persona puede experimentar la revelación personal de su liderazgo e identificaremos las cualidades especiales de este espíritu.

El liderazgo no es un Club exclusivo para la élite.

Juntos descubriremos que el liderazgo no es el resultado del estudio u ordenación, posición o poder. El hombre (la humanidad), es esencialmente un ser espiritual y la naturaleza del espíritu de una persona dicta la naturaleza que él o ella manifiesta. Hasta que el espíritu de una persona sea cambiado, la persona se mantiene sin cambiar. Por lo tanto, el liderazgo empieza en el espíritu de una persona. Cuando el espíritu de liderazgo se manifiesta, produce una actitud que separa el líder del discípulo.

Es importante entender que el liderazgo no es un club exclusivo para unos pocos de la élite quienes fueron "nacidos con él". **Todo humano tiene el instinto y la capacidad del liderazgo, pero la mayoría no tiene el coraje o la voluntad de cultivarlo.** El espíritu llamado "hombre" fue creado para

El Espíritu de Liderazgo

dirigir, pero el hombre perdió el espíritu de liderazgo. Todos los humanos poseemos el potencial de dirigir, pero la mayoría ha perdido la pasión del liderazgo. La meta de este libro es ayudarle a redescubrir y recobrar ese liderazgo del espíritu.

Hay muchos que confunden la posición del liderazgo con la disposición del verdadero liderazgo. Sin importar cuál posición nos haya sido dada, el nivel en una organización no crea automáticamente al líder. **El liderazgo genuino es una disposición interna, la cual se relaciona a un sentido del propósito, auto-valor y auto-concepto.**

Algunos han confundido el liderazgo con la habilidad de controlar a otros por medio de la manipulación de sus emociones y jugando con sus temores y necesidades. **Pero el verdadero liderazgo es un producto de la inspiración, no de la manipulación.**

Luego tenemos aquellos que creen que el título hace al líder. Sin embargo, todos hemos visto a muchas personas que han sido puestos en posiciones importantes con títulos impresionantes y han fracasado miserablemente porque no han entendido que el liderazgo real es manifestado en la ejecución y los resultados y no sólo en las clasificaciones.

El verdadero liderazgo va más allá de lo mecánico de la mayoría de los acercamientos que hoy difunden nuestros programas de liderazgo. Tiene que ver más con descubrir un sentido del significado e importancia en la vida. Esta distinción separa al liderazgo de la calidad de pasión por las ansias o el deseo del poder. **Los verdaderos líderes no buscan poder, sino que son impulsados por una pasión para lograr una noble causa.**

Estoy convencido de que usted fue creado para ser un exitoso líder. Cada ser humano fue creado para liderar en un

Prefacio

área específica de talentos. Usted nunca fue creado para ser oprimido, subyugado, subordinado o reprimido. El Creador diseñó a cada ser humano para realizar un propósito y una tarea específicos en la vida. Su tarea determina su área de liderazgo. Muy dentro de cada uno de nosotros hay un espíritu con un gran sueño, luchando por liberarse de las limitaciones de nuestras experiencias pasadas, circunstancias presentes y dudas auto-impuestas.

Todos somos víctimas de pasiones frustradas. Creo que la ignorancia más grande del hombre es la de no conocerse a sí mismo. Lo que usted opine de usted mismo, crea su mundo. Ningún humano puede vivir más allá de los límites de sus creencias. En síntesis, usted es lo que usted cree: **Sus creencias son un producto de sus pensamientos, sus pensamientos hacen sus creencias, sus creencias hacen sus convicciones, sus convicciones crean sus actitudes, sus actitudes controlan su percepción y su percepción dicta su conducta.** El resultado es, que su vida es lo que usted *piensa* que debería ser. Cuando usted piensa de acuerdo al espíritu de liderazgo, usted empieza el proceso de llegar a ser un líder. Esto es el centro del verdadero liderazgo: su actitud, su mentalidad, su "espíritu de la mente".

Algunas de las actitudes o cualidades únicas de los líderes incluyen pasión, iniciativa, trabajo en equipo, innovación, persistencia, disciplina, enfoque, manejo del tiempo, confianza, disposición positiva, paciencia, paz y compasión. Exploraremos muchas de estas actitudes del liderazgo para que usted pueda descubrir cómo cultivarlos en su vida.

Este libro es dedicado a ayudarle a recobrar la esencia de su verdadero potencial de liderazgo y la actitud mental que le acompaña, los cuales manifestarán el **verdadero espíritu de liderazgo.**

Introducción

El liderazgo es un privilegio confiado a los seguidores.

No hay nada más alusivo que el liderazgo. **Todo el dinero del mundo puede hacerlo rico, y todo el poder en el mundo puede hacerlo fuerte, pero estas cosas nunca lo convertirán en un líder.** Usted puede heredar una fortuna pero nunca el liderazgo. Por supuesto que no hay mayor necesidad en nuestro siglo veintiuno como el eficaz y competente liderazgo. Nuestro mayor desafío es el del liderazgo vacío. La necesidad número uno de todo el mundo hoy, no es el dinero, los programas sociales o tal vez nuevos gobiernos. Es el liderazgo de calidad, moral, disciplinado y centrado en principios.

Necesitamos de verdadero liderazgo en nuestros gobiernos, negocios, escuelas, instituciones civiles, comunidades juveniles, organizaciones religiosas, hogares y en cada área de la vida—incluyendo las disciplinas de la ley, medicina, ciencia, deportes y comunicaciones. No obstante, la búsqueda del liderazgo genuino se hace más difícil.

¿Dónde están los verdaderos líderes?

Lo complejo, lo incierto y las inexploradas aguas del siglo veintiuno nos han conectado al mundo de la globalización, el terrorismo, la incertidumbre económica, las hambrunas, las

Introducción

epidemias de salud, la transformación social, los compromisos colectivos, los experimentos morales y éticos, los conflictos religiosos y los choques culturales. Estas condiciones demandan la más alta calidad de liderazgo que nuestra generación pueda producir. Sin embargo, me he sentado en lo más alto de los gobiernos y he observado las luchas de los líderes de hoy. Me he sentado en los escritorios de presidentes de diferentes países para conversar con ellos y les he escuchado expresar su falta de habilidad para tratar con los retos de sus países. He hablado con gabinetes de ministros de gobiernos en todo el mundo, y ellos abiertamente piden ayuda, asistencia y consejos. Muchos líderes simplemente no saben cómo dirigir.

No hay nada más alusivo que el liderazgo.

Esta crisis en el liderazgo está en las mentes de muchas personas hoy en día. Preguntas de integridad moral, honor, valores, función de los modelos y estándares respetables, son temas de discusión en muchos programas noticieros, y están también en los pensamientos del hombre en la calle. Escuchamos de líderes teniendo escapadas sexuales. Escuchamos de magnates de negocios cayendo por docenas en la corrupción. Vemos líderes nacionales y los miembros de su gabinete siendo juzgados por sus propios gobiernos, por haber robado o por malversación de fondos. Sabemos de obispos abusando y haciendo mal uso de su autoridad y posiciones para tomar ventaja de aquellos que fueron confiados a su cuidado. *¿Dónde están los verdaderos líderes hoy?*

Creo que el problema es que el liderazgo ha venido a ser una función que se ejerce en vez de una vida que se conduce. Los

El Espíritu de Liderazgo

líderes contemporáneos intentan separar sus vidas personales de las responsabilidades públicas, y sus normas personales de sus vidas públicas. Para muchos, el liderazgo es un acto, no un llamado. Por lo tanto, cuando están en sus oficinas, actúan de una manera, pero cuando salen, llevan doble vida. Esta es una contradicción del verdadero liderazgo. El liderazgo no es una técnica, un estilo o la adquisición de destrezas, sino una manifestación de un espíritu.

Muchas instituciones, compañías listadas entre las 500 más prominentes, agencias gubernamentales, organizaciones cívicas y entidades sin fines de lucro, gastan billones de dólares cada año, entrenando a miles de supuestos líderes en técnicas administrativas, destrezas para relaciones humanas, sistemas organizacionales, métodos de control y persuasión, y mucho más, con la esperanza de producir líderes potenciales o mejores líderes. No obstante, tales seminarios no pueden producir verdaderos líderes. Además que, la calidad y los niveles de los líderes no se están incrementando, sino que van decreciendo.

El liderazgo se ha convertido en una función que se ejecuta en vez de una vida que es dirigida.

Los estantes de las librerías están llenos de libros sobre el tema del liderazgo. Algunos prometen transformación instantánea de discípulo a líder, mientras otros venden ideas baratas que pretenden crear líderes por medio de la aplicación de psicología superficial e inservibles principios que frustran a aquellos quienes invierten en ellos. La investigación sobre cómo ser un líder persiste por medio del liderazgo de gurús, así como colegios y universidades agregan cursos especiales, diseñados para producir o mejorar el núcleo de líderes. No

Introducción

obstante, creo que todos los cursos de liderazgo en los colegios nunca podrán formar a un líder.

Muchos a quienes idolatramos como líderes en nuestras sociedades modernas, nos han frustrado cuando han sacado a la luz sus fragilidades e inconsistencias escondidas. Sólo para mencionar algunos como: Enron, WorldCom, Tyco, Martha Stewart, Richard Nixon, Bill Clinton y obispos católicos, todos ellos cuentan la historia de una cultura de liderazgo defectuoso. Los defectos morales, los abusos del poder, privilegios y confianza; mal uso de los recursos; corrupción e hipocresía han venido a asociarse con el liderazgo de hoy, talvez más que en cualquier otra época de la historia.

La moralidad, éticas, principios, convicciones, estándares, fidelidad, transparencia, integridad y honestidad son productos raros en el campo del liderazgo contemporáneo. ¿Por qué es tan difícil encontrar un verdadero liderazgo?

Nuestra equivocada cultura del liderazgo

Un día, mientras me acomodaba en la silla durante un viaje por avión para encontrarme con un grupo de líderes de ética y moralidad en el liderazgo, me sorprendió descubrir en la bolsa de la silla, una copia de la revista *Estilo Americano*, en ella había un articulo de Joseph Guinto con este titulo: "Mentir, trampear y robar, su manera para llegar a la cima". El subtítulo decía: "¿Todos lo hacen, verdad? ¿Pero cuánto realmente nos está costando nuestra cultura equivocada y cuándo va a parar?". Obviamente, este tema me llamó la atención y me dispuse a leer el contenido.

El artículo exponía y detallaba la red corrupta de fraudes como una cultura en todos los niveles de la sociedad occidental, incluyendo a las oficinas más altas de liderazgo, y, hablaba acerca de cómo ocurre el "efecto de colar la corrupción". A continuación presento algunos factores contenidos en el artículo, que son notables: "El robo de los empleados es uno de los crímenes de más rápido crecimiento en los Estados Unidos de América...el costo total del fraude ocupacional—principalmente en maquinación de contabilidad—fue de $600 billones en el 2002...dos veces más que en 1997". El artículo decía que uno de los resultados de esta corrupción expandida tiene su efecto en la determinación de la mente de los futuros líderes de negocios. Un profesor de ética en una escuela de negocios importante dijo: "Los [mis] estudiantes defienden sus puntos de vista de que algunos fraudes son aceptables diciendo: 'Todos lo hacen'"[1]

Necesitamos verdaderos líderes, espiritualmente conscientes.

Esta es la cultura y el ambiente del liderazgo que prevalece en nuestro mundo de hoy, ya sea en la política, religión, negocio, educación o deportes. Estamos desesperadamente necesitando de líderes verdaderos, competentes, de principios, sensibles, compasivos y espiritualmente concientes.

¿QUÉ HACE A UN VERDADERO LÍDER?

¿Qué hace a un líder? ¿Cómo sen producen los líderes genuinos? ¿Cuándo realmente se llega a ser líder? ¿Hay alguna predicción del liderazgo? Este libro trata sobre el ingrediente faltante en el desarrollo del liderazgo. Trata sobre la conexión alusiva entre el talento, el título y el liderazgo. El liderazgo genuino no es el resultado de memorizar fórmulas, aprender destrezas, imitar métodos o entrenamientos técnicos. Es una actitud del corazón.

PARTE UNO:
EL DESCUBRIMIENTO DEL LIDERAZGO

CAPÍTULO UNO
El líder escondido en usted

Atrapado dentro de cada seguidor hay un líder escondido.

Un ejército de ovejas lideradas por un león, siempre va vencer a un ejército de leones liderados por una oveja. Esta declaración captura el espíritu de este libro. Este concepto llegó a ser real en mí durante uno de mis viajes al continente de la cuna de la humanidad, África. Fue ahí, en las profundidades de las tierras de los arbustos de África, que escuché una historia que encapsuló lo que he venido a entender como la conexión [ingrediente] faltante en el proceso del desarrollo del liderazgo.

Era un día soleado pero frío en la ruidosa y moderna ciudad de Harare, en Zimbabwe la capital del país de África del Sur. Acaba de concluir mi charla en el Centro de Conferencias del Hilton Harare para más de 5,000 líderes. Como invitado de una de las organizaciones comunitarias más grandes del país, había sido invitado para dar entrenamiento de liderazgo y sesiones motivacionales para los líderes aspirantes y experimentados. Esta fue nuestra última sesión después de siete días de presentaciones. Al finalizar la sesión, mi anfitrión me preguntó si podría considerar ir a otra ciudad a hablarle a otro grupo de líderes que habían preguntado si yo podría ir donde ellos. Gustosamente acepté y se hicieron los arreglos para mi conductor—quien también servia como intérprete—para salir a primera hora de la mañana siguiente.

Iniciamos a las seis en punto y después de conducir por casi dos horas, finalmente dejamos las luces de la ciudad moderna y nos encontramos con carreteras sin pavimentos, villas polvosas y densos bosques verdes. Justo cuando pensé que estábamos por llegar, mi conductor me indicó que todavía faltaban otras dos horas antes de llegar a nuestro destino. De pronto, comprendí que nos dirigíamos hacia una experiencia de safari. Luego de otras dos ajetreadas horas por donde parecía ser jungla, finalmente entramos a un claro. Había un grupo de niños que de pronto salieron hacia el despoblado, cantando alegres, como si ellos estuvieran experimentando el final de una larga anticipación.

UN EJÉRCITO DE OVEJAS LIDERADAS POR UN LEÓN SIEMPRE VENCERÁ A UN EJÉRCITO DE LEONES LIDERADOS POR UNA OVEJA.

Mientras llegamos a una parada ruidosa, un grupo de hombres contentos salieron de una gran choza de paja. Eran dirigidos por un hombre gentil dando una sonrisa de bienvenida y vestido en ropas regulares. Nos abrazamos y me invitó al edificio con techo de paja en donde había más de trescientos hombres y mujeres sentados ansiosamente esperando por nosotros para iniciar la sesión de enseñanza. Estaba totalmente complacido por el anhelo y la paciencia de esas lindas personas, y les di lo mejor de mí. Fue un gozo ser bien recibido.

Después de la sesión, el jefe de la villa me invitó a una cena especial en mi honor donde me dieron platillos tradicionales de la vida y cultura de la villa—algunos platillos eran familiares otros no. Fue durante esta comida que el jefe me contó la historia que me enseñó una lección de liderazgo que nunca olvidaré.

Un león entre ovejas

Había una vez un campesino que vivía en esta villa y también era un pastor de oveja. Un día, llevó a pastar a su oveja y mientras estaban pastando, de pronto escuchó un ruido extraño que provenía de un lugar de la grama, primeramente sonó como un gatito. Llevado por su curiosidad, el viejo pastor fue a ver que era lo que producía ese ruido insistente, y para su sorpresa, encontró a un solitario león cachorro temblando, obviamente separado de su familia. Su primer pensamiento fue el peligro que sería si se acercaba demasiado al cachorro y regresaran sus padres. Entonces, el hombre rápidamente dejo el área y observó a la distancia para ver si la mamá león o la manada volverían. Sin embargo, después que atardeció y todavía no había actividad para asegurar al cachorro, el pastor decidió que, a su mejor juicio y por la seguridad y supervivencia del cachorro, se lo llevaría a su cabaña y cuidaría de él.

Por los siguientes ocho meses, el pastor le dio de comer a este cachorro con leche fresca y lo mantuvo caliente, a salvo y seguro en los límites protectores de la casa. Después que el cachorro creció en una juguetona y enérgica bola de músculos brillantes, lo llevaría a diario con las ovejas para pastar. El cachorro creció con las ovejas y vino a ser parte de la manada. Ellas lo aceptaron como uno más, y él actuaba como una más de ellas. Después que habían pasado quince meses, el pequeño cachorro llegó a ser un león adolescente, pero actuaba, sonaba, respondía y se comportaba tal como una de las ovejas. En síntesis, el león se convirtió en una oveja por asociación. Se había despersonalizado y vino a ser una de ellas.

El líder escondido en usted

En un día caluroso, después de cuatro años, el pastor se sentó en una piedra, tomando refugio en la poca sombra de un árbol sin hojas. Él estaba cuidando de su rebaño mientras calmaban su sed en las quietas y fluyentes aguas de un río. El león que pensó que era una oveja les siguió para beber agua. De pronto, justo al otro lado del río, apareció de las ramas de la espesa jungla una gran bestia que el cachorro jamás había visto antes. Las ovejas llenas de pánico bajo el ataque de un instinto de supervivencia, salieron del agua y se dirigieron hacia donde estaba el campesino. No pararon hasta que todas estaban seguras y amontonadas detrás de la cerca del corral. Extrañamente, el cachorro, quien ahora era un león crecido, también estaba amontonado con ellas, temblando de miedo.

El león se convirtió en oveja por asociación.

Mientras la manada luchaba por llegar a la seguridad de la finca, la bestia hizo un sonido que parecía hacer temblar el bosque. Cuando levantó su cabeza sobre las hierbas altas, el pastor pudo ver que sostenía en su boca empapada de sangre el cuerpo sin vida de una oveja del rebaño. El hombre supo que el peligro había regresado a este parte del bosque.

Siete días pasaron sin más incidentes, y luego, mientras la manada pastaba, el joven león fue río abajo para beber. Mientas se inclinaba hacia el agua, de pronto entró en pánico y corrió rápidamente hacia la seguridad de la casa. Las ovejas no corrieron y se preguntaban por qué él había hecho eso, mientras el león se preguntaba por qué las ovejas no habían corrido al ver otra vez a la bestia. Después de un rato, el joven león regreso muy lentamente al rebaño y luego al agua para volver a beber. Una vez más, él vio a la bestia y se congeló del pánico. Era su propio reflejo en el agua.

El Espíritu de Liderazgo

Mientras él trataba de entender lo que estaba viendo, de pronto la bestia salió otra vez de la jungla. La manada salió desenfrenada hacia la casa, pero antes de que el joven león pudiera moverse, la bestia se paró en el agua hacia él emitiendo el sonido desafiante que cubría todo el bosque. Por un momento, el joven león sintió que su vida estaba a punto de terminar. Se dio cuenta que vio no sólo una bestia, sino a dos—una en el agua y otra adelante de ésta.

Su cabeza le daba vueltas por la confusión mientras la bestia se acercaba como a diez pies de él y le gruñía cara a cara con atemorizante poder que parecía decirle: "Prueba, ven y sígueme".

Él sintió emociones que nunca antes había conocido.

Mientras el temor controlaba al joven león, éste decidió intentar calmar a la bestia e hizo el mismo sonido. Sin embargo, el único sonido que salía de su mandíbula abierta, era el de una oveja. La bestia respondió con uno mucho más audible que parecía decir: "Prueba otra vez". Después de siete u ocho intentos, el joven león de pronto se escuchó haciendo el mismo sonido de la bestia. También sintió emociones en su cuerpo que nunca antes había conocido. Era como si estuviera experimentando una transformación total en la mente, el cuerpo y el espíritu.

De pronto, había en el río de la vida dos bestias gruñéndose la una a la otra. Entonces el pastor vio algo que jamás olvidaría. Mientras los sonidos bestiales llenaban el bosque por millas, la bestia grande paró, le dio la espalda al joven león y se fue hacia el bosque. Luego se detuvo, miró al joven león una vez más y gruñó, como diciendo: "¿Me sigues?" El joven león sabía lo que el gesto significaba y de pronto se dio cuenta que su día de decisión había llegado—el día en que escogería si continuaría viviendo como una oveja o siendo el

El líder escondido en usted

mismo que acababa de descubrir. Él sabía que, al transformarse en él mismo, tendría que dejar la seguridad, la predecible y simple vida de la finca y entrar a una temeraria, silvestre, indomada, impredecible y peligrosa vida de la jungla. Era el día de llegar a ser su verdadero yo y dejar atrás la imagen falsa de otra vida. Era una invitación para que una "oveja" se hiciera el rey de la jungla. Lo más importante es que esta era una invitación para que el cuerpo de un león tomara posesión del espíritu de un león.

Después de mirar un par de veces a todos lados de la finca y de la jungla, el joven león le dio la espalda a la finca y a las ovejas con quienes él había vivido por mucho tiempo, y siguió a la bestia hacia el bosque para convertirse en lo que siempre había sido—un rey león.

El cambio duradero puede ocurrir sólo cuando toma lugar en el espíritu de la mente.

Mientras estaba sentado escuchando esta fantástica historia, me sentía sumergido en la revelación de los principios profundos que esto comunicaba con relación a los líderes, al liderazgo y al proceso crítico que conlleva el descubrirse y convertirse en el verdadero yo. Me fui de esa villa con un entendimiento profundo del por qué es tan difícil para muchos individuos hacer esa transición a través del río de los verdaderos yo. De pronto entendí que el cambio podría ocurrir sólo cuando toma lugar en el espíritu de la mente. Sin esta metamorfosis, ninguna cantidad de entrenamiento, estudio o educación podría transformar a un seguidor en líder. En síntesis, una actitud convertida es la clave para una vida transformada. Hasta que este cambio de actitud suceda, el león seguirá actuando, respondiendo y viviendo como una oveja en vez del rey de la jungla.

El Espíritu de Liderazgo

Una decisión que Afecta el futuro

Así como el genuino gruñido del joven león le reveló su fuerza inherente, usted puede liberar la fuerza inherente del liderazgo dentro de usted, una vez que usted empiece a entender su verdadera personalidad. Así como el joven león miró a la bestia alejarse, y supo que debía tomar una decisión sobre su futuro, usted tiene una elección que hacer sobre su propio futuro.

Así como el joven león miró hacia la finca en donde estaban las ovejas y luego miró hacia el bosque hacia donde se dirigía el león, usted tiene que evaluar su pasado y su potencial, y caminar hacia uno o hacia el otro lado. Así como el joven león supo que, al convertirse en él mismo, tendría que dejar su vida cómoda, segura, predecible y simple de la finca y entrar a la vida atemorizante, salvaje, indomable, impredecible y peligrosa de la jungla, usted tendrá que dejar los límites seguros para convertirse en un seguidor si va a convertirse en un líder.

Así como el joven león volvió su espalda a la finca, cruzó el río y caminó hacia el bosque—dejando atrás su vieja vida de oveja y embarcándose en la vida a la cual estaba predestinado—así mismo, este libro está diseñado para desafiarlo a usted a que cruce su propio río de intimidación, a que enfrente y entre al bosque del espíritu de liderazgo, el cual usted fue creado para manifestarlo.

Mi deseo personal, como alguien que ha cruzado ese río, es ser catalizador, como la bestia, gruñendo una invitación en su vida y su propósito, y esperanzadamente ayudarle a entrar en la aventura del descubrimiento y liberación del liderazgo del espíritu en usted.

El líder escondido en usted

El poder de la actitud

No hay nada tan poderoso como la actitud. La actitud dicta su responsabilidad en el presente y determina la calidad de su futuro. Usted es su actitud y su actitud es usted. Si usted no controla su actitud, ésta lo controlará a usted.

La actitud le crea su mundo y designa su destino. Ésta determina su éxito o su fracaso en cualquier aventura en su vida. Muchas oportunidades se han perdido o detenido debido a la actitud hacia cualquier otra causa. La actitud es la más poderosa distinción en la vida, más que la belleza, el poder, el título o la clase social. Es más importante que la riqueza—y puede mantenerlo pobre. Es el siervo que puede abrir las puertas de la vida o cerrar los portones de la posibilidad. Puede cambiar lo feo en bonito y la sencillez en atractivo. El factor distinguible entre un ganador y un perdedor es la actitud. La diferencia entre un líder y un seguidor es la actitud.

> La actitud le crea su mundo y designa su destino.

¿Qué es la actitud? Discutiremos este tema detalladamente en los próximos capítulos; pero por ahora, permítame simplemente definir la actitud como "determinación mental o acondicionamiento mental que determina nuestra interpretación como una respuesta a nuestros entornos". Es nuestra manera de pensar. También es importante entender que la actitud es un producto natural de la integración de nuestros propios valores, conceptos, juicios y sentido del valor o importancia. En síntesis, su actitud es la manifestación de quién usted cree que es. **Los líderes piensan diferentemente de sí mismos y ésto les distingue de los seguidores.**

El Espíritu de Liderazgo

La historia del león y las ovejas demuestran el poder de la actitud. Vivimos nuestras actitudes y, nuestras actitudes crean nuestras vidas. La diferencia entre las actitudes de un león y de una oveja determina su lugar en el esquema del reino animal. Posiblemente es por eso que el Creador, como se registra en los libros de los hebreos escritos por Moisés y otros escritores bíblicos, la identifica con los temperamentos únicos o naturales de ciertos animales.

Vivimos nuestras vidas basados en quién creemos que somos. De acuerdo a la ilustración, si usted cree que su propósito es ser una oveja, entonces se quedará en el encierro en donde otros lo han puesto, o que usted mismo haya hecho. Si usted cree que es un líder, entonces se aventurará más allá de las limitaciones artificiales y se embarcará en la vida de liderazgo para la cual fue creado. Usted se desarrollará en alguien que inspira e influencia a otros con su dominio inherente.

Ninguna cantidad de entrenamiento en destrezas de liderazgo, cursos en métodos administrativos, títulos de poder, promociones o asociaciones pueden sustituir las actitudes correctas. Estoy convencido de que todo el dinero del mundo pueden volverlo adinerado, pero nunca lo convertirá en un líder. Su desarrollo del liderazgo está determinado por sus percepciones de quién usted es y por qué existe—es decir, su sentido de importancia para vivir.

Designados para dirigir nuestros entornos

Este punto es fundamental para entender nuestro potencial y capacidad de liderazgo como humanos. Por lo tanto, permítame ofrecerle un poco de definición técnica de nuestra razón para vivir. Creo firmemente que la naturaleza de cada

El líder escondido en usted

ser humano es estar en control con su entorno y circunstancia. **Cada uno de nosotros ha sido creado para mandar, gobernar, controlar, dominar, manejar y dirigir nuestros entornos. Usted es en esencia un líder, no importa quien sea,** sin importar si lo manifiesta o no. Ya sea adinerado, pobre, joven, viejo, hombre, mujer, negro, blanco, ciudadano de un país industrializado, ciudadano de un país tercermundista, educado o maleducado—usted tiene la naturaleza y la capacidad para el liderazgo. Pero, usted puede cumplir su inherente potencial de liderazgo sólo cuando descubra, comprenda, desarrolle y empiece a ejercer lo que usted fue designado a ser y la naturaleza de su verdadero potencial de liderazgo.

> No importa quién sea, usted tiene la naturaleza y la capacidad para el liderazgo.

No importa si usted es un jefe ejecutivo de una gran corporación, maestro, constructor de casa, dueño de un negocio pequeño, trabajador de la construcción, artista, secretario, trabajador del gobierno, campesino, estudiante, doctor o cualquier otra vocación o posición en la vida: **El propio descubrimiento de su potencial inherente de liderazgo y el conocimiento de quién es usted y para lo cual usted fue creado, son las claves para el cumplimiento de su propósito de existir como un líder.**

El título, la posición, el poder, la notoriedad, la fama o los nombres de familia no pueden convertirlo en un verdadero líder. Por ejemplo, usted puede emplear a alguien como gerente de una compañía. Le puede dar título, presupuesto, escritorio, personal y cualquier otra cosa. Pero suponiendo que esa persona no toma iniciativas. Él no trata de resolver los problemas por sí mismo, no busca mejores maneras de ejecutar las tareas o improvisar sistemas, no entiende qué parte de su administración puede alcanzar los límites y explorar nuevos conceptos e ideas. Él hace sólo lo que se le pide hacer sin perturbar la política o desafiar métodos antiguos y obsoletos. Eso no es liderazgo.

En síntesis, hay algunas actitudes únicas de los líderes que les distinguen de los seguidores, y estas actitudes producen ciertas conductas que estrechan al líder más allá de las limitaciones de la norma. En otras palabras, esas actitudes son las que exploraremos y llamaremos el "propósito de liderazgo". Por lo tanto, estar en la posición de un seguidor no niega su potencial inherente de liderazgo. Conocer y cultivar ciertas actitudes sobre usted mismo, le dará la determinación mental que necesita para desarrollar su potencial de liderazgo al máximo y cumplir con el propósito para lo cual nació.

Un instinto natural para el liderazgo

Aunque con frecuencia no lo reconocemos por lo que es, cada humano en este planeta tiene una inclinación natural hacia el liderazgo, de una forma o de otra. Así como los pájaros tienen un instinto para volar y los peces tienen un instinto para nadar, los humanos tienen un instinto para estar tomar control de sus vidas, circunstancias, decisiones o entornos. Cuando no estamos en control, queremos tenerlo.

Tal vez es por eso que, cuando estamos siendo controlados por los acreedores, instituciones bancarias o de amigos con quienes tenemos obligaciones, el instinto natural o la respuesta humana, es frustración, depresión, inconformidad o aún enfermedad psicológica y física. Esto es debido a que nuestras circunstancias nos están dominando y nuestras naturalezas espirituales, psicológicas y físicas no fueron diseñadas para vivir bajo estas condiciones.

El líder escondido en usted

No estamos diseñados para ser dominados. Cuando no tenemos control de nuestras vidas, nos sentimos atados y restringidos. Por ejemplo, si usted tiene una hipoteca en su casa por treinta años, no se siente libre hasta que la paga. Aunque esté disfrutando de su casa, hay una voz interna diciendo: "Pero todavía es de ellos. Les pertenece mientras tengan los documentos".

Usted fue diseñado para poder manejar su entorno.

Por otro lado, ¿por qué se siente aliviado y contento cuando todas sus cuentas son pagadas? Cuando usted obtiene un bono y cubre todas sus deudas y no le debe nada a nadie, de pronto, tiene una sonrisa en su rostro. Usted quiere decirle hola a todo el que encuentre. ¿Estoy en lo correcto? Cuando todas sus necesidades son suplidas, usted se siente como si estuviera caminando en el aire. Eso es porque está experimentando el propósito para lo cual usted nació. Usted fue diseñado para poder manejar su entorno.

Mucha gente quiere hacer mucho dinero pero, usualmente, ésto no porque quieren sólo el dinero. El deseo fundamental de la riqueza está motivado por el deseo de poder—poder para dominar y controlar el estilo de vida, las circunstancias y el entorno. Es el poder que el dinero nos da el que nos hace buscarlo. Cada humano naturalmente quiere controlar su vida, y el dinero o la riqueza parecen prometer ese poder del control. Seguimos el sentimiento o sentido de dominio que obtenemos de la habilidad de comprar lo que nos gusta, vivir donde queremos, comer lo que nos gusta, vestir como deseamos e ir donde decidamos ir. Lo que buscamos es el poder sobre las circunstancias, y, en algunos casos, sobre las personas.

El Espíritu de Liderazgo

Este deseo de tener el control sobre nuestras vidas explica mucho de los problemas en nuestro mundo. Por ejemplo, ¿por qué un adolescente toma un arma, entra en una tienda y dice: "¡Todo mundo al suelo!?". Imagínese que usted está en medio de esa situación. Suponiendo que ese muchacho tiene trece años y usted tiene treinta y cuatro; él es de 5 pies de alto, y usted de 6 pies. Usted sabe que es físicamente más fuerte que él. Pero como él tiene la ventaja de poseer un arma peligrosa que amenaza su vida, usted tiene que cumplir con la orden. Por un breve momento, ese joven siente que nació para sentir—lo que se llama una "sensación eufórica". Es una sensación extraña de poder, control e insensibilidad.

Nuestra sociedad coloca a un joven como éste, en un centro de detención juvenil, cumple su sentencia y sale. Pero él *recuerda esa sensación* y está obsesionado por la tentación de repetir el hecho. Creo que esto es más que un tema psicológico. Esto involucra ese deseo espiritual profundo en la naturaleza del hombre para dominar su entorno. Está atado a cómo se siente acerca de él mismo. Estoy convencido de que el deseo por el poder sobre otros es una distorsión de algo bueno; es una distorsión de nuestro inherente deseo humano para ejercer el liderazgo del domino.

El liderazgo y nuestras creencias sobre el origen

¿De dónde vienen nuestras actitudes sobre el liderazgo? Ya sea que usted piense que es un líder o no, sus ideas sobre el liderazgo son probablemente una respuesta condicionada. Generalmente, hemos sido enseñados que el liderazgo está reservado para un grupo exclusivo de personas quienes son seleccionadas por el destino para controlar, regir y subordinar a las masas. Quiero demostrarle que, contrario a la opinión popular, **el liderazgo no es un club de élite para unos cuantos. Es la verdadera esencia de todos los seres humanos.**

He encontrado que los conceptos de las personas acerca de sus orígenes siempre influencian la manera que piensan sobre sí mismas, incluyendo sus ideas sobre su potencial de liderazgo. Es decir, hay dos teorías principales sobre el origen: la evolución y la creación. Hay variantes para la teoría evolucionista, pero muchos evolucionistas creen que el universo fue formado como el resultado de una explosión de energía. Esto es conocido como la teoría de "la gran explosión". Por millones de años, la vida microscópica se desarrolló sobre la tierra, de donde salieron las especies de animales que se mutaron, con las especies más fuertes ganándoles a las más débiles por una supervivencia de la adaptación. En este punto de nuestra historia, los seres humanos son los más avanzados de las especies.

Generalmente, nuestras ideas sobre el liderazgo son respuestas acondicionadas.

De acuerdo a esta teoría los humanos son, en su esencia, amebas sofisticadas. No hay propósito especifico para vivir—existen meramente como el resultado de las fuerzas de la naturaleza. Esta teoría también apoya la idea de que aquellos que son más fuertes—físicamente, intelectualmente o creativamente—están destinados a dirigir y controlar a otros, mientras que el resto está destinado a ser seguidores.

La otra teoría principal del origen de la humanidad es la creación. Esta es la idea de que un Ser inteligente formó el universo y creó la tierra, la vegetación, los animales y los seres humanos. Algunos creacionistas creen que el Creador hizo

El Espíritu de Liderazgo

el mundo y luego lo dejó a sus propios deseos, mientras que otros creen que el Arquitecto de la tierra todavía está activamente involucrado e hizo a la humanidad con una naturaleza y propósito específico. Este concepto apoya la idea de que cada persona tiene una función y una contribución que hacer, sin importar su estado en la vida y el nivel actual de habilidad.

La evolución sigue siendo una teoría. No ha sido probada. No existe evidencia fuerte para verificar su principio. Es una premisa muy interesante, pero creo que la experiencia y la hechura de la criatura humana desafían el concepto evolucionista. El diseño complejo de los seres humanos y de la naturaleza metódica del universo no secunda dicha teoría.

Somos el producto de un Ser supremo altamente inteligente y creativo.

La alternativa es que debe haber sido un proceso creativo mayor y más sofisticado que el proceso arbitrario de la evolución. Los antiguos escritos, registrados en el primer libro escrito por Moisés, presentan una explicación más aceptable y razonable de nuestros orígenes: Somos los productos de un Ser Supremo altamente inteligente y creativo. La estipulación en los primeros dos capítulos de Génesis es que Dios personalmente e intencionalmente creó a los seres humanos a Su propia imagen y semejanza y luego les dijo que se multiplicaran, llenaran la tierra y que gobernaran sobre ella. Debían ser los mayordomos de la tierra, responsables por su cuidado y bienestar. Deberíamos notar que el Creador diseñó a los seres humanos a Su imagen y semejanza *después* que hizo la vegetación y los animales, específicamente separándolos del resto de la creación en algunas maneras importantes.

El líder escondido en usted

El antiguo relato dice que hizo el resto de la creación con afirmación al decir: "Sea la luz" o "Produzca la tierra criaturas vivientes". Pero cuando llegó el momento de formar a una criatura en particular, dijo: "*Hagamos* al hombre a *nuestra imagen y semejanza*". Los seres humanos fueron las únicas criaturas que fueron indicados como seres hechos a la imagen y semejanza de su Creador. Esto significa que ellos tienen su naturaleza. Este es un aspecto importante de que la naturaleza es la habilidad de planear con anticipación, imaginar, crear y administrar efectivamente la manifestación de los planes. Es decir, ser hecho a su imagen significa tener la naturaleza o el espíritu de liderazgo.

El origen de nuestro liderazgo del espíritu

El Creador vertió Su propia naturaleza en los seres humanos cuando estableció Su naturaleza y este es el origen de nuestro liderazgo del espíritu. En este sentido, somos una porción del Dios vertido. Así como el Creador es determinado, organizacional y creativo, nosotros estamos diseñados a ser lo mismo.

Usted debe decidir cual concepto de origen aceptará como fundamento de su vida. Sólo usted puede escoger lo que cree de usted mismo y la naturaleza del humano, como también de la naturaleza del liderazgo. ¿Es el liderazgo sólo para el fuerte que es capaz de ganarle al débil, o talvez sólo para aquellos que lo reciben por suerte? ¿O es el liderazgo una parte inherente de nuestro diseño como seres humanos? Mi experiencia y observaciones de la humanidad, apoya la última creencia y son las bases de lo que yo describo en lo que sigue de este libro como nuestra vocación humana.

El Espíritu de Liderazgo

Creo que usted y yo fuimos creados para liderar. **El liderazgo es inherente en nuestra naturaleza y es fundamental para nuestros orígenes, carácter humano—y destino.**

Mitos sobre el liderazgo

Debido a que nuestra sociedad contemporánea parcialmente ha aceptado una determinación mental como "supervivencia de adaptación", muchos de nosotros hemos llegado a creer ciertos mitos sobre el liderazgo. Estas ideas han sido adoptadas por nuestras familias, culturas y países. Además, muchos de nuestros fundamentos teóricos acerca de nuestras creencias sobre el liderazgo son derivados de los pensamientos de los grandes filósofos griegos como Plato, Aristóteles y Sócrates.

Nuestras filosofías determinan la manera en que pensamos.

Durante la cúspide de la edad de oro del período helenístico, el arte de la naturaleza humana, el desarrollo social, el control y manejo de las masas y el estudio de las estructuras gubernamentales para el desarrollo nacional, fueron el tema de gran debate e investigación. El arte del liderazgo estaba dentro los temas principales estudiados y discutidos, y, las conclusiones fueron tan potentes que la mayoría de nuestras creencias actuales, filosóficas y conceptos de liderazgo y gobierno pueden remontarse hasta las ideas de estos filósofos.

Este tema es vitalmente importante porque nuestras creencias, convicciones e ideas forman nuestras filosofías personales y sirven como origen de nuestras propias percepciones y las percepciones de otros, como también de la vida misma. En síntesis, nuestras filosofías determinan la manera en que pensamos. De hecho, **vivimos nuestros pensamientos y los manifestamos en nuestras actitudes para con nosotros mismos y para con los demás. No podemos vivir detrás de nuestros pensamientos y convicciones.**

Creo que muchas de nuestras actuales teorías de liderazgo han producido una cantidad de mitos que deben ser entendidos, estudiados y retados. Muchos "gurús" de liderazgo han identificado y articulado estos mitos. Estos pueden ser resumidos en los siguientes:

MITO #1
TEORÍA DE LA CARACTERÍSTICA INNATA:
"LOS LÍDERES NACEN, NO SE HACEN"

Esta teoría es la creencia de que el liderazgo es el resultado de las cualidades inherentes especiales del nacimiento en la personalidad y naturaleza del individuo. Esto implica que algunos humanos nacen con cualidades únicas que los identifican para el liderazgo, mientras que otros—la mayoría, quienes no poseen estas cualidades—están destinados para ser dirigidos.

> NO PODEMOS VIVIR DETRÁS DE NUESTROS
> PENSAMIENTOS Y CONVICCIONES.

Este concepto nos lleva a endiosar a nuestros líderes, hombres y mujeres, quienes esencialmente son diferentes y por lo tanto, superiores a nosotros. Esta filosofía resulta en el bloqueo de nuestro propio potencial y desarrollo de liderazgo, y sometiendo nuestra capacidad de liderazgo no descubierto al control y limitaciones de otros. Cuando esto sucede en un nivel cultural, podríamos detener el crecimiento de nuestra próxima generación de líder en nuestros países.

El Espíritu de Liderazgo

MITO #2
LIDERAZGO POR PROVIDENCIA

Existe una creencia que ciertas personas son escogidas por "los dioses" y colocadas en la élite del liderazgo sobre las desafortunadas masas. En síntesis, el liderazgo esta reservado para unos pocos escogidos por medio de un poder divino para controlar, manejar y dirigir la vida, el futuro, las riquezas y aspiraciones de los que no fueron escogidos.

MITO #3
EL LIDERAZGO ES EL RESULTADO DE UNA PERSONALIDAD CARISMÁTICA

Esta es la teoría que solamente ciertos individuos que poseen un nivel de carisma único; que exhiben cualidades especiales, como fuerza de voluntad; quienes son extrovertidos; quienes son expositores dominantes, etc., son los líder. La dificultad con esta teoría, en cada generación, es al momento de levantar líderes importantes que no muestran las cualidades carismáticas celebradas por esta filosofía.

En muchos casos, los líderes emergen de circunstancias únicas en los momentos que ellos viven sin manifestar ningún carisma especial. Algunas veces, se sufre una crisis para que alguien se levante y revele su habilidad de liderazgo. Ciertos niveles pasados o presentes de las personas, no nos debería alejar del conocimiento de que otras personas—inclusive nosotros mismos—son líderes potenciales en particulares ámbitos o circunstancias de la vida.

MITO #4
EL LIDERAZGO ES EL PRODUCTO DE UNA PERSONALIDAD IMPONENTE

Esta teoría emerge de la creencia de que el liderazgo es el resultado de una personalidad autoritaria, fríamente calculadora,

El líder escondido en usted

no disparatada, conducción severa, impaciente, temperamental e inestable. Esta falsa percepción surge de la idea de que las personas son fundamentalmente incompetentes y naturalmente débiles, y que, si se quiere lograr algo, tienen que ser forzadas, amenazadas y manipuladas por sus líderes y jefes. Sin embargo, la evidencia siempre ha desafiado esta creencia, mostrando que las personas son más productivas y cooperadoras cuando están inspiradas a diferencia de cuando son manipuladas por el liderazgo.

MITO #5
EL LIDERAZGO ES EL RESULTADO DE UN ENTRENAMIENTO ESPECIAL

Esta es la creencia de que los líderes son producidos a través de cursos y entrenamientos especiales educativos. Mucha gente siente que deben tener una maestría o asistir a conferencias de liderazgo para ser capaces de dirigir a otros. No hay nada malo con dicho entrenamiento. Pero, como ya escribí en la Introducción, el verdadero liderazgo no es una técnica, un método, un estilo o adquisición de destrezas. Es la manifestación de una actitud basada en el conocimiento de quien nació para serlo. Su actitud sobre usted mismo tiene un tremendo impacto en su vida diaria, ya sea que culmine su propósito central de la vida.

NO DEBERÍAMOS PERMITIR QUE ALGUIEN PIENSE QUE NO TENEMOS VOLUNTADES PROPIAS.

Hemos permitido que las circunstancias, otras personas y nuestras propias creencias no comprobadas bloqueen nuestras tendencias naturales de liderazgo. No deberíamos permitirle a nadie que piense que no tenemos voluntad o algún sentido de criterio o perspectiva única de nosotros mismos. Otros pueden estar en posiciones de autoridad sobre nosotros, los cuales debemos respetar, pero esto no significa que ellos deben sofocar nuestro inherente potencial como líderes.

En este libro, le presentaré una filosofía alternativa del liderazgo que desafía todas las teorías anteriores y los conceptos tradicionales del potencial de liderazgo. A esta teoría le llamo la "naturaleza inherente del liderazgo".

Es un asunto de actitud

De nuevo, la esencia del liderazgo no está en las técnicas para controlar y manipular a las personas, aunque esto parece ser popular en el entrenamiento del liderazgo de hoy. Todos los cursos en administración de negocios de la universidad que usted pueda tomar, todos los métodos de liderazgo que pueda aprender y todos los seminarios de administración que pueda asistir pueden darle información, pero no pueden desarrollarlo en un verdadero líder.

El verdadero liderazgo es una actitud que naturalmente inspira y motiva a otros, y viene del descubrimiento interno del yo. Usted no puede "aprender" una actitud. Si alguien aprende una actitud, eso se llama acondicionamiento o meramente consentimiento. Eso no es liderazgo.

Usted puede acondicionar a un animal para que haga algo, premiándolo o amenazándolo con un resultado externo. Pero una actitud es una perspectiva, una motivación o un deseo que viene desde adentro y no está basada en una consecuencia externa temporal. Es algo profundamente personal e interno que influencia y transforma su pensamiento acerca de usted mismo y su habilidad, valor, auto-dignidad, auto-estima, perspectiva de la vida, acciones y percepciones de otros.

El líder escondido en usted

"Así como piensa, así será"

Aprendiendo sobre el liderazgo y conociendo lo que significa ser un líder, son dos cosas diferentes. **El aprendizaje viene de la educación, mientras que el conocimiento viene de la revelación. El aprendizaje es cognitivo, mientras que el conocimiento es espiritual.** Realmente usted no cambia sino hasta que "conoce". El conocimiento cambia su mente, la cual transforma su actitud, la cual, por consiguiente, informa, dirige y regula su conducta.

La esencia del liderazgo no está en las técnicas; está en sus actitudes.

William James escribió: "El mayor descubrimiento de nuestra generación es que los seres humanos pueden alterar sus vidas, alternado sus actitudes de la mente. Así como piensa, así será"[2]. Esto realmente fue un redescubrimiento porque, en siglos anteriores, otra generación escuchó una verdad similar del rey Salomón, el más sabio y poderoso hombre de sus días, quien esencialmente dijo: "De la manera que un hombre piensa en su propósito, así es él".[2] Lo que una persona piensa en su propósito es lo que esencialmente hará en sus acciones. Sin embargo, el reto está en conocer cómo cambiar la actitud. Si la transformación de la actitud fuera simple, entonces muchos de nosotros podríamos haber cambiado cualquier cantidad de veces durante toda la vida.

La mayoría de nosotros no somos líderes hoy porque en nuestros corazones, no creemos que lo seamos. De mi considerable experiencia para adiestrar a las personas sobre el liderazgo, he encontrado que, lo que con frecuencia falta es un sentido inherente del espíritu de liderazgo que está dentro

El Espíritu de Liderazgo

de ellos. Lo que pensamos y cómo pensamos sobre nuestro propósito en el mundo es la base de nuestras actitudes y acciones, hacia otros y hacia nosotros mismos.

Su futuro y habilidad del éxito no están atados a lo que otros piensan de usted. Están atados a lo que usted piensa de usted mismo. El origen de su actitud está en su determinación mental y sus pensamientos. Eso es lo que realmente el espíritu de liderazgo es.

El liderazgo del espíritu y el espíritu de liderazgo

En este libro, he hecho una distinción entre el liderazgo del espíritu y el espíritu de liderazgo para que usted pueda entender mejor su potencial de liderazgo y la actitud que va unida a ello. Nos fue dado el liderazgo del espíritu cuando fuimos creados. Nuestro potencial de liderazgo sigue intacto, pero hemos perdido el espíritu de liderazgo—o sea, la conciencia de nuestro ser, el haber sido hechos a imagen de nuestro Creador, así también las actitudes que acompañan ese conocimiento, que son los fundamentos del verdadero liderazgo.

Todavía tenemos la materia prima del potencial de liderazgo, pero la mayoría de nosotros no tenemos el deseo, valor o voluntad de usarla para lo que fue hecha. Es como plantar en un campo fértil pero sin tener lluvia para que germine la semilla. O es como tener un Rolls-Royce pero no tener gasolina para echarlo a andar. Usted posee algo con la promesa poderosa, pero usted no está disponible para maximizar su potencial total. En esencia, poseemos la aptitud, pero carecemos de la actitud que activa este poder no descubierto. Hemos sido llenos del Espíritu que está destinado para darnos poder para vivir y nos capacita para lo fuimos creados. Como veremos en el

El líder escondido en usted

siguiente capítulo, algunas personas han sido, instintivamente o intencionalmente, capaces de intervenir en sus habilidades de liderazgo, pero la mayoría de nosotros no lo hemos sido.

La actitud crea el ambiente

Debemos tener un entendimiento claro que el verdadero liderazgo es una actitud del corazón nacida por medio de un conocimiento renovado del propósito. Es más un asunto de ser alguien, y no de hacer algo. Es el descubrimiento propio que se traduce en actividades significativas como crear, construir y nutrir.

> Los verdaderos líderes influencian sus entornos, en vez de que sus entornos los influencien.

Esto nos regresa a nuestro inherente deseo humano de estar en control de nuestras circunstancias. **Los verdaderos líderes descubren y entienden quienes son y cuál es su propósito, influencian sus entornos, en vez de que sus entornos los influencien a ellos.** ¿Ha notado cómo, algunas personas que tienen dificultad financiera, inmediatamente empiezan a encontrar y trabajar en soluciones para el problema, mientras que otros entran en pánico, pierden las esperanzas, se rinden a sus circunstancias y se quedan inmóviles por las deudas? ¿Conoce de personas que pueden convertir un apartamento de una habitación en un lindo y cómodo refugio que es más atractivo e invitador que muchas mansiones?

Estos ejemplos simples demuestran diferentes maneras en que algunas personas intervienen en sus habilidades de liderazgo e influencian sus entornos en vez de que sea lo

El Espíritu de Liderazgo

contrario. Hay aplicaciones innumerables de este principio en el diario vivir, ya sea en escalas mayores o menores, dependiendo de los dones y el llamado. Los verdaderos líderes se esfuerzan en salir de las crisis y se vuelven creativos en las dificultades.

Capturar y cultivar el espíritu de liderazgo

Todos debemos capturar y cultivar el espíritu de liderazgo, esta actitud de moldear y formar nuestras vidas de acuerdo a nuestros propósitos. **Aunque cada ser humano en este planeta tiene una inclinación para el liderazgo, la mayoría de nosotros no tenemos el denuedo para cultivarlo.** Este es un problema muy serio. Hemos estado tan acondicionados por el desanimo, el fracaso o la opresión de otros, al punto que nos sentimos temerosos de seguir nuestros instintos naturales de liderazgo. Pedimos disculpas, como "soy muy penoso", "no soy tan dotado como él", "no poseo la educación", "mi familia nunca fue buena para eso", etc.

Usted nació para liderar, pero debe convertirse en un líder.

Relativamente, pocas personas en toda la raza humana han capturado o descubierto el espíritu de liderazgo al punto de encender su potencial de liderazgo. Nuestro reto es nutrir nuestros instintos de liderazgo a la magnitud en que podamos salir de ser seguidores a ser líderes en nuestros dominios inherentes.

Cuando usted toma la decisión de cultivar su propósito potencial de liderazgo, ocurre una transición. Usted se convertirá como el joven león que dejó el redil de las ovejas y se introdujo al bosque para poder cumplir con su verdadera naturaleza. ¿Se enfrentó él a la incertidumbre, los cambios y al peligro del bosque? Sí. Pero también, se convirtió en lo que fue diseñado a ser. Él aprendió, creció y se convirtió en un líder por medio del descubrimiento del potencial dentro de él.

Descubra el líder dentro de usted

El potencial de liderazgo dentro de usted está esperando a ser descubierto. Este libro le ayudará a identificar la naturaleza y las actitudes que corresponden al espíritu de liderazgo para que usted pueda convertirse en lo que fue diseñado a ser.

Nuevamente, el verdadero liderazgo es el descubrimiento propio. Tiene muy poco que ver con lo que usted *hace*, pero es una manera fundamental para convertirse en quien usted *es*. Es el resultado del compromiso propio para la manifestación propia.

Usted *nació* para liderar, pero debe *convertirse* en un líder. Cada ser humano fue dotado, por el Creador, con el potencial de liderazgo en un área específica de talentos. El espíritu humano esta designado para manejar y controlar su mundo, y, esto funciona mejor cuando se crea un ambiente conducente para esta búsqueda.

Usted es un líder, sin importar su actual nivel o sus sentimientos hacia la habilidad y potencial del liderazgo. Cuando usted descubre esta verdad y se convence de ello, ya no se conformará con sólo ser un seguidor. Aprenderá el secreto de convertirse en un líder por medio del descubrimiento del líder escondido dentro de usted.

¿Está listo para prepararse y embarcarse en la vida para la cual nació?

El Espíritu de Liderazgo

Principios del capítulo

1. Atrapado dentro de cada seguidor hay un líder escondido.
2. Un ejército de ovejas lideradas por un león, siempre vencerán a un ejército de leones liderados por una oveja.
3. Una actitud convertida es la clave para una vida transformada.
4. Estamos diseñados para mandar, gobernar, controlar, dominar, manejar y dirigir nuestros entornos.
5. Usted puede cumplir su inherente potencial de liderazgo sólo cuando descubra, comprenda, desarrolle y empiece a ejercer lo que usted fue designado a ser, y, descubra la naturaleza de un verdadero líder.
6. Cada ser humano tiene una inclinación natural para el liderazgo.
7. La mayoría de nuestras actitudes sobre el liderazgo son respuestas aprendidas o acondicionadas de ideas equivocadas adoptadas por nuestras familias, culturas y países.
8. Los conceptos de la gente sobre sus orígenes siempre influencian sus ideas sobre su potencial de liderazgo.
9. La implicación del liderazgo por la evolución es que, aquellos que son más fuertes—físicamente, intelectualmente o creativamente—están destinados a dirigir y controlar a otros, mientras que el resto está destinado a ser seguidores.
10. La implicación del liderazgo por el creacionismo es que, sin importar nuestros niveles de vida o niveles actuales de habilidades, todos tenemos contribuciones de liderazgo que hacer en nuestra sociedad de acuerdo a nuestros dominios inherentes.
11. Ser hechos a imagen y semejanza del Creador, significa tener la naturaleza del Creador, que es el espíritu de liderazgo.

El líder escondido en usted

12. Los cinco mitos del liderazgo son: (1) Teoría de las cualidades del nacimiento: "Los líderes nacen, no se hacen"; (2) liderazgo por providencia; (3) el liderazgo es el resultado de una personalidad carismática; (4) el liderazgo es el producto de una personalidad poderosa; y (5) el liderazgo es el resultado de un entrenamiento especial.
13. El verdadero liderazgo es una actitud que naturalmente inspira y motiva a otros.
14. Aprender sobre el liderazgo y conocer lo que significa ser un líder, son dos cosas diferentes. El aprendizaje viene de la educación, mientras que el conocimiento viene de la revelación. El aprendizaje es cognitivo, mientras que el conocimiento es espiritual.
15. La mayoría de nosotros no somos líderes porque en nuestros corazones, no creemos que lo somos.
16. El liderazgo del espíritu es nuestro inherente potencial de liderazgo. El espíritu de liderazgo es la conciencia de nuestro ser, hecho a imagen de nuestro Creador, así también las actitudes que acompañan ese conocimiento.
17. Cada ser humano tiene la materia prima para el liderazgo, pero la mayoría no tiene el deseo, valor o voluntad de usarla.
18. El verdadero liderazgo es una actitud del corazón que es nacida por medio de un conocimiento del propósito.
19. Usted *nació* para liderar, pero debe *convertirse* en un líder.

CAPÍTULO DOS

¿QUÉ ES UN VERDADERO LÍDER?

El liderazgo es la capacidad de influenciar a otros a través de la inspiración motivada por una pasión, generada por una visión, producida por una convicción, encendida por un propósito.

Peter F. Drucker, uno de los pioneros pensadores de nuestra generación y autoridad en el tema del liderazgo y gerencia, dijo: "Puede que hayan "líderes natos", pero seguramente también hay algunos que dependen de ellos. El liderazgo debe ser aprendido y puede ser aprendido… 'la personalidad del liderazgo', 'el estilo de liderazgo', y 'las cualidades del liderazgo' no existen".³

¿Qué hace a un líder ser líder? ¿Cómo identifica usted el liderazgo cuando está presente? En este capítulo, exploraremos varias definiciones del liderazgo y las compararemos con una definición que he desarrollado a través de años de observación e investigación. Los siguientes ejemplos de líderes, ayudan a demostrar el hecho de que el verdadero liderazgo es una actitud en vez de un título y que es inspirado en vez de manipulado o controlado.

¿Qué es un verdadero líder?

El liderazgo es más que una influencia

Una definición popular de liderazgo es que "el liderazgo es influencia". A pesar del hecho de que el liderazgo involucra el componente de la influencia, creo que es una descripción incompleta porque no distingue el tipo de influencia, el medio o la causa de dicha influencia.

¿Recuerda la historia en el capítulo uno del adolescente que tenía un arma y ordenó a "todos al suelo"? ¿Qué haría usted en dicha situación? Probablemente usted haga lo que se le dijo porque, él podría influenciarlo a tomar cierta acción por medio del temor y la intimidación, pero dudo que considerara su conducta para ser líder. El hecho es que el verdadero liderazgo no es el control o la manipulación de otros, sino que es la sumisión voluntaria de las personas, de la autoridad propia a la de usted, motivada por la inspiración.

> El verdadero liderazgo es marcado por la sumisión voluntaria de otros, de la autoridad propia a la de usted.

Hay muchas personas, en el pasado y en el presente, que han influenciado a otros utilizando el temor y la violencia, pero nosotros no le llamamos a eso un verdadero liderazgo. Le llamamos manipulación, opresión o dictadura. Nerón, Hitler e Idi Amin todos fueron influyentes. Ellos impusieron sus voluntades sobre sus pueblos, pero no eran líderes en el sentido real.

Una definición funcional del liderazgo

El verdadero liderazgo fundamentalmente requiere de la responsabilidad de llevar a los seguidores hacia el emocionante

El Espíritu de Liderazgo

desconocido y crear una nueva realidad para ellos. Por más de treinta años, me he dedicado al estudio del tema del liderazgo. Después de miles de horas de estudio, investigación y lectura de cientos de libros sobre el tema, he decidido formar mi propia definición global del liderazgo, de la manera en que lo he llegado a comprender. Esta definición incorpora los ingredientes y componentes principales que, creo, dan nacimiento a un comprobado liderazgo verdadero y que puede ser aplicado por cualquiera que decida descubrir y liberar el líder que lleva dentro de sí. La siguiente es mi definición del liderazgo, la cual servirá como definición funcional del liderazgo a lo largo de este libro:

El liderazgo es la capacidad de influenciar a otros a través de la inspiración motivada por una pasión, generada por una visión, producida por una convicción, encendida por un propósito.

La prioridad de la inspiración

Un estudio cuidadoso de esta definición revelará que el liderazgo no es una búsqueda sino que es un resultado. Bajo esta definición, la palabra *líder* no es una clasificación que usted se da. *Líder* es como las personas le llaman cuando las inspira porque ellas son estimuladas a participar en la visión positiva que usted les esta presentando—ya sea la visión de un país, compañía o causa.

El liderazgo es un privilegio dado por los seguidores. El gran rabino judío, Jesús de Nazaret—el máximo modelo de liderazgo eficaz—inspiró tanto a Sus discípulos escogidos que dejaron sus quehaceres y, por un tiempo, sus familias, para seguirle. El nunca los amenazó o los forzó a que lo siguieran, sino que los inspiró y luego los invitó para que lo acompañaran.

¿Qué es un verdadero líder?

Un mayor estudio de esta definición también revelará la prioridad de la *inspiración* en el desarrollo de un líder y su liderazgo. De hecho, **el verdadero liderazgo es cien por ciento influenciado a través de la inspiración.** Por lo tanto, la principal búsqueda de aquellos que desean y aspiran convertirse en líderes eficaces debe ser la respuesta a esta pregunta: "¿Cómo inspiro y cuál es el origen de la inspiración?".

El liderazgo no es una búsqueda sino un resultado.

La mejor manera de acercar y apreciar la aplicación práctica de nuestra definición es iniciar el proceso al final de la definición. Usted notará que el proceso inicia con un descubrimiento del individuo, de un propósito personal que, cuando es capturado, produce una convicción. Esta convicción genera una visión en el propósito de la persona al punto que estimula una pasión. La fuerza de esta apasionada persona por la búsqueda de la visión, inspira a otros, quienes son estimulados a unirse y cooperar con la visión. Este efecto máximo es llamado "influencia" y resulta en que los seguidores reconocen al individuo como su "líder".

Si la inspiración es la clave para legitimar la influencia, y de esta manera, la fuente del verdadero liderazgo; entonces una vez más, la inspiración debería ser la búsqueda de todos los verdaderos propósitos. ¿Cómo los líderes inspiran a otros? ¿Cuál es la fuente de la inspiración? Estas son las preguntas más importantes del liderazgo y, cuando haya encontrado las respuestas, entonces, usted habrá empezado a descubrir su propio potencial de liderazgo.

El Espíritu de Liderazgo

El poder de la pasión

Expresado simplemente, la fuente de la inspiración es la *pasión*. Este componente del liderazgo es el centro de la influencia y es el generador de la energía y el ánimo del líder. La pasión es el descubrimiento de un deseo profundo nacido de una convicción que somete a alguien poseído por el compromiso, para cumplir un propósito. Este apasionado compromiso nos permite, enfrentar la oposición, la adversidad, el fracaso, el desacuerdo y el desánimo.

La pasión es un deseo controlado que excede los límites del interés casual o preocupación y transporta al individuo dentro del reino de la obligación. En esencia, **la pasión del verdadero liderazgo es el descubrimiento de una creencia, razón, idea, convicción, o causa, no sólo para vivir, sino también para morir, la cual se enfoca en beneficio de la humanidad como un todo.** Este es el sentido personal para resolver, la obligación y disposición para sacrificar la preponderancia, comodidad y prosperidad por el bien de una noble causa que impacta a otros y resuena dentro de ellos como un deseo de ayudar a alcanzar el deseo, meta o visión estipulada. Por lo tanto, los verdaderos líderes son aquellos que expresan eficazmente sus pasiones internas que encuentran una respuesta en común en los corazones de los demás. Esta es la pasión que atrae gente al líder, quien los motiva a tomar acción.

Este aspecto vital del desarrollo del liderazgo eficaz fue expresado en las vidas de los grandes líderes a través de la historia e identifica lo que les separa de los seguidores. Nuevamente, considere el mayor de los líder de todos los tiempos, el joven rabino judío Jesucristo, quien personifica nuestra definición del verdadero liderazgo. Su efectividad de liderazgo es indiscutida, aun por sus críticos y escépticos, y ningún estudio

¿Qué es un verdadero líder?

de líderes históricos puede ser justamente conducido sin la referencia de su impecable logro y su modelo como un líder del más alto grado. Ningún hombre jamás había afectado el destino y el desarrollo de la humanidad como Él lo hizo.

El máximo modelo de liderazgo

Nacido en una ciudad oscura y olvidada en las colinas de la antigua Judea; criado en una villa que, de acuerdo a investigaciones arqueológicas, tenía sólo una calle y once casas; y sin dejar registro de haber tenido alguna educación formal, este joven introdujo Su visión de una nueva orden mundial a las personas sencillas de la villa, quienes se consideraban a sí mismos como lo último del estrato social. Pero su claro sentido de propósito, compromiso a la causa, pasión y compasión inflexible, inspiraron a doce negociantes comunes locales—dentro de ellos, cuatro pescadores y un recolector de impuestos—para abandonar sus sueños personales, prioridades privadas y ocupaciones, para seguirle aun hasta la muerte.

El origen de la verdadera pasión es el descubrimiento de un claro sentido de propósito.

Él fue tan apasionado sobre lo que vino a hacer, que motivó a Sus discípulos a dejar atrás sus viejas prioridades y maneras de vivir para descubrir un nuevo tipo de vida con Él. Ellos nunca antes habían encontrado a alguien que estuviera listo para morir por lo que Él estaba viviendo. Además, su impacto y huellas en la historia del mundo y en las vidas personales de millones por más de dos milenios, testifican del liderazgo en su más alto nivel y esencia.

El Espíritu de Liderazgo

Como ya mencioné anteriormente, el origen de la verdadera pasión es el descubrimiento de un claro sentido de propósito y el significado para nuestra vida. Cuando una persona descubre un sentido de propósito, esto produce una pasión para buscarlo, y la pasión es lo que inspira a otras personas a querer unirse en la búsqueda. Y luego, a medida que las personas son inspiradas, sus pensamientos y sus vidas son influenciados naturalmente. La verdadera inspiración no es la manipulación o el lavado de cerebro. Al contrario, es una invitación para buscar algo más alto o mejor de lo que hayamos tenido antes, y, en el proceso, ganar un sentido de significado e importancia para la vida propia.

Para clarificar el proceso del liderazgo de acuerdo a nuestra definición funcional, vamos a revisar el progreso del desarrollo del liderazgo:

1. Propósito.
2. Convicción.
3. Visión.
4. Pasión.
5. Inspiración.
6. Influencia.
7. Liderazgo.

Es imposible lograr el verdadero liderazgo a menos que todos estos ingredientes estén presentes e integrados en uno sólo, produciendo una fuerza para el cambio en nuestros compromisos, sociedad y mundo.

Ejemplo de píderes eficaces

Los líderes con frecuencia, son personas comunes que aceptan o son colocadas en circunstancias extraordinarias que

¿QUÉ ES UN VERDADERO LÍDER?

exteriorizan su latente potencial, produciendo un carácter que inspira seguridad y confianza en otros. Muchos de los grandes líderes en la historia fueron "víctimas" de las circunstancias. Ellos no intentaron ser líderes, pero las demandas de la vida encendieron un espíritu dormido que estaba dentro de ellos. **El mayor liderazgo parece emerger durante los momentos de conflictos personales, sociales, económicos, políticos y espirituales.**

Miremos nuevamente la definición que propongo del liderazgo:

El liderazgo es la capacidad de influenciar a otros a través de la inspiración motivada por una pasión, generada por una visión, producida por una convicción, encendida por un propósito.

Cuando usted aplique esta definición de liderazgo a cada uno de los seguidores, usted empieza a ver una conexión común que explica su influencia de liderazgo. He puesto ejemplos de grandes líderes de épocas antiguas y contemporáneas. Cada uno de estos líderes primero descubrió un propósito para sus vidas convirtiéndolo en pasión. Su pasión inspiró e influenció a otros quienes personalmente aceptaron los propósitos de los líderes y permitieron a estos líderes que les guiaran en la dirección específica de sus visiones, las cuales causaron cambios en el mundo.

> LOS LÍDERES CON FRECUENCIA, SON PERSONAS COMUNES QUE SON COLOCADAS EN CIRCUNSTANCIAS EXTRAORDINARIAS.

Moisés, el histórico hebreo impulsado, fue un claro sentido de propósito dado. En sus escritos, describe su encuentro con

El Espíritu de Liderazgo

Dios en el desierto, donde se le dijo para lo que había nacido y debía cumplir: Liberar a sus hermanos hebreos, quienes eran esclavos en Egipto, y, guiarlos a la Tierra Prometida. Después de algún temor inicial concerniente a los detalles de su trabajo, Moisés se apasionó por su propósito. Se lo describió a su hermano Aarón, quien fue con él donde los israelitas a decirles sobre esta visión de la Tierra Prometida. Moisés creyó en su propósito tan profundamente que ellos también empezaron a creen que su libertad era posible. Él los inspiró para que tuvieran el valor de abandonar sus dolorosas, pero acostumbradas tareas de ser una fuerza laboral esclava en Egipto. El resultado fue que ellos estaban dispuestos a seguirle al desierto, donde no había civilización ni ningún medio de alimento o agua. Ellos habían tomado la visión de esta tierra que Moisés les había dicho, una "tierra que fluía leche y miel", y, fueron influenciados a seguirle con confianza hacia el desierto desconocido.

Martin Luther King, Jr.

La inolvidable frase: "Tengo un sueño", encapsula el propósito, la pasión y la inspiración del Dr. Martin Luther King, Jr. Líder y símbolo de la lucha de los afro-americanos por los derechos civiles, el Dr. King ayudó a cambiar las leyes y los corazones en Estados Unidos, liderando hacia la mayor ecuanimidad y libertad en el país. A continuación alguna de sus palabras inspiracionales del discurso:

> Tengo un sueño, que un día esta nación se levantará y vivirá el verdadero significado de la creencia que: "Sostenemos estas verdades para ser evidencia propia; que todos los hombres son creados iguales".
>
> ...Tengo un sueño, que mis cuatro hijos pequeños, algún día vivirán en una nación en donde no serán

¿Qué es un verdadero líder?

juzgados por el color de su piel, sino por el contenido de su carácter.[4]

El propósito del Dr. King fue la búsqueda de la igualdad; su convicción y pasión fueron una visión en ese país, los Estados Unidos de América, en donde la libertad es derecho y privilegio de cada persona. Su pasión se convirtió en una obligación que lo colocó en un curso de auto-sacrificio. Cientos de miles de personas captaron esta visión, que no sólo se convirtió en su destino individual, sino que también como una nación entera, mientras él influenciaba un cambio en las leyes fundamentales de la tierra. El Dr. King tenía una visión y estaba dispuesto a vivir—o morir—por ella.

Winston Churchill

Durante la segunda guerra mundial, antes que los Estados Unidos de América entrara en la guerra, Gran Bretaña estaba perdiendo, luchando sin ayuda para salvar no sólo a Inglaterra, también a Europa, de ser invadidas y gobernadas por la Alemania nazi. Su líder era Winston Churchill, quien era considerado un fracaso en la política antes de convertirse en Primer Ministro a la edad de sesenta y seis años. Después, escribió: "Sentí como si estuviera caminando con el destino, y que toda mi vida pasada ha sido sólo una preparación para esta hora y para esta prueba".[5]

> "Nunca se rinda, nunca se rinda—nunca, nunca, nunca, nunca".

Los discursos de Winston Churchill, durante este tiempo de crisis nacional, revelan su sentido de propósito. Él inspiró a los ingleses a creer que la democracia parlamentaria y la

El Espíritu de Liderazgo

libertad fueron de suficiente valor para pelear o morir por ellas. Su propósito produjo una pasión sin descanso para prevalecer, y sus discursos confiados, animados y poderosos dan mérito para mantener fuerte la moral de los ingleses cuando aparentemente enfrentaban condiciones favorables imposibles. Uno de sus más famosos dichos fue: "Nunca se rinda, nunca se rinda, nunca, nunca, nunca, nunca—en nada, ya sea grande o pequeño, largo o corto—nunca se rinda, excepto por convicciones de honor y buen sentido".[6] En su discurso: "Sus mejores horas", es clara la evidencia de su habilidad para inspirar a aquellos que estaban buscando en él un liderazgo:

> ...La batalla de Francia se terminó. Creo que la batalla de Inglaterra casi empieza. De esta batalla depende la existencia de la civilización cristiana. De ella depende nuestra propia vida inglesa y la larga continuidad de nuestras instituciones y de nuestro imperio. Toda la furia y poder del enemigo, muy pronto deberá caer sobre nosotros. Hitler sabe que tendrá que derrotarnos en esta isla o perderá la guerra. Si podemos enfrentarnos a él, toda Europa podrá ser libre y la vida del mundo podría moverse hacia alturas amplias e iluminadas. Pero si fallamos, entonces todo el mundo, incluyendo a los Estados Unidos de América, incluyendo todo lo que hemos conocido y cuidado, se irá al abismo de una nueva Época Oscura....Por lo tanto, permitámonos fortalecernos en nuestros deberes y mantengámonos en eso, si el imperio británico y sus estados asociados, perduran por miles de años, los hombres podrán decir, "*Este* fue su mejor momento".[7]

La visión de Churchill para Gran Bretaña y el mundo influenció a los individuos y a las naciones para extenderse

¿QUÉ ES UN VERDADERO LÍDER?

más allá de lo que fueron enseñados, que eran capaces de lograr la victoria.

NEHEMÍAS

Nehemías fue un judío exiliado que servía como copero del rey persa Artajerjes. Fue visitado por unos hombres de Judá que le dijeron que el muro de Jerusalén había sido derribado y que sus portones habían sido quemados. Afligido por esa situación y que eso significaba la angustia de su pueblo, Nehemías oró día y noche. Él creyó que Dios había puesto en su propósito que hiciera algo por esta situación. Reconstruir el muro vino a ser su propósito, lo cual creó una total pasión para restaurar lo que él pudiera de la ciudad. Su pasión profunda influenció a Artajerjes—quien no tenía razón real para querer construir la ciudad del pueblo que su nación había conquistado—para ayudar a Nehemías a realizar su deseo. Él le dio a su copero, un pasaje seguro hacia Jerusalén y también le suplió de materiales de construcción.

Nehemías viajó a Jerusalén y les presentó a los judíos que vivían en la región su visión de construir el muro y cómo el mismo rey Artajerjes le estaba ayudando. Su compromiso personal para la restauración de Jerusalén inspiró al pueblo, y rápidamente se unieron en la labor.

Nehemías muy pronto enfrentó oposiciones desagradables de algunos residentes locales y oficiales. Cuando los enemigos de Nehemías trataron de persuadirlo de su proyecto, él se mantuvo enfocado en su propósito, esencialmente diciendo: "Yo hago una gran obra, y no puedo ir; porque cesaría la obra, dejándola yo para ir a vosotros" Cuando él y sus fieles compañeros fueron amenazados con temor, intimación y ataque físico; su constancia y confianza en su propósito dado por Dios

El Espíritu de Liderazgo

los inspiró para mantenerse firmes en la visión y rechazar la idea de abandonarla, sino hasta que la tarea fuera terminada. Su liderazgo fue el resultado del descubrimiento de un propósito que produjo una visión y una pasión profunda, la cual influenció a toda una población para recobrar una causa que benefició a toda una nación y cambió el curso de la historia.

La Reina Ester

Ester era una linda joven hebrea, también viviendo en el exilio, pero en un periodo anterior. A través de una extraordinaria combinación de circunstancias, se convirtió en la reina del rey persa, Asuero, también conocido como Jerjes. Cuando ella se dio cuenta de un complot para aniquilar a los judíos, descubrió que ella había nacido para un propósito crucial: preservar a su pueblo. De hecho, su tío le dijo: "Quizás te hayas convertido en reina para un momento como este".

Cuando Ester aceptó su propósito, esto se convirtió en su pasión, y estuvo dispuesta a arriesgar su propia vida para este cumplimiento, diciendo: "Si perezco, que perezca". Su valentía y gracia, bajo tremenda presión, influenció a que el rey aceptara un plan para proteger a los judíos, quienes estaban inspirados para recobrar la defensa de ellos mismos.

> "Quizás usted es un líder para un momento como este".

Ester era una mujer común que fue colocada en circunstancias extraordinarias y que tomó parte en influenciar y preservar a toda su generación. Su sentido de propósito y destino estaba claro y produjo en ella una pasión por la cual estaba dispuesta a morir. Esta pasión impactó e influenció al rey y salvó a toda una nación bajo su liderazgo.

¿QUÉ ES UN VERDADERO LÍDER?

Nelson Mandela

El propósito de Nelson Mandela era la eliminación de la política de la separación racial y el establecimiento de la igualdad racial en África del Sur. El deseaba la formación de una sociedad libre y democrática para toda la gente, negros y blancos. Su pasión para este propósito lo llevó a pelear por esas causas, por lo cual fue sentenciado a prisión de por vida. En su juicio, explicó su visión para su país:

> He peleado en contra de la dominación blanca y negra. He estimado el ideal de una sociedad democrática y libre en la cual todas las personas vivan juntos en armonía y con iguales oportunidades. Este es un ideal que espero vivir y alcanzar. Pero si es necesario, este es un ideal para el cual estoy preparado para morir.[8]

Debido a la presión nacional e internacional, Mandela fue liberado de la prisión después de veintiocho años. Luego trabajó con el líder Sur-africano blanco, F. W. de Klerk, para eliminar la separación racial y ambos fueron galardonados con el Premio Nóbel de la Paz en 1993. En un hecho histórico, Mandela fue electo como presidente de su país bajo elecciones democráticas abiertas y sirvió en esta posición desde 1994-1999. La pasión de Mandela transformó la apariencia, el gobierno, la estructura y las políticas de todo un país.

Fue el sentido de propósito de Mandela siendo un joven abogado que produjo una visión de una nueva África del Sur sin discriminación, ni racismo. Este propósito y visión encendió una pasión profunda que explotó en una llama de sacrificio, encarcelamiento y disposición de morir por sus convicciones. Su visión inspiro no sólo a millones en su país, también a un sin número alrededor del mundo. Es importante reconocer que los

El Espíritu de Liderazgo

verdaderos líderes no procuran o buscan seguidores, más bien, los atraen por su dedicación a un propósito personal.

El Rey David

David es uno de los líderes más fascinantes y notables en la historia del mundo. Su propósito en toda su vida fue el deseo de servirle a su Dios, restaurar el honor de su nación y reforzar su pueblo políticamente y militarmente.

Cuando el rey de Israel, Saúl, se alejó de Dios, el profeta Samuel fue enviado para ungir como rey a David—el menor de una familia israelita humilde. En ese momento, David era sólo un joven pastor de ovejas. Sólo Samuel, David y la familia de David sabían sobre esta unción, y podría pasar muchos años antes de que David fuera reconocido como rey. Sin embargo, el relato bíblico dice que David fue "un hombre conforme al corazón de Dios". El propósito y pasión de David fueron reconocidos como cualidades valiosas en el hombre que lideraría el pueblo israelí.

Los verdaderos líderes no procuran o buscan seguidores sino que los atraen.

David estaba apasionado por su propósito y llegó a la prominencia luego de su unción. Él era el único que creía que los israelitas podrían enfrentarse a sus enemigos, los filisteos, incluyendo a Goliat el guerrero filisteo colosal—cuya coraza de malla pesaba doscientas libras.

En síntesis, David preguntó: "¿Quién es este que desafía al ejercito del Dios viviente?" Usando solamente su honda y cinco piedras finas, lanzó un misil bien apuntado que golpeó en la frente del gigante, matándolo instantáneamente. Luego los

¿Qué es un verdadero líder?

israelitas desbandaron al ejército de filisteos. David inspiró no sólo al ejército, sino que también a toda la nación, para creer que ellos no eran víctimas sino que eran capaces de vencer a sus enemigos. Subsecuentemente, David vino a ser un héroe militar y era el favorito en la corte del rey Saúl, cuyo hijo, Jonatán llegó a ser su mejor amigo.

Pero el éxito de David en el campo de batalla, determina una década larga e intensa de conflictos y exilio para él. Él y sus fieles seguidores continuamente luchaban por sus vidas ya que Saúl, celoso, procuraba matar a David. Durante todo este tiempo, David respetaba constantemente a Saúl como rey y preservó su vida, aun cuando dos veces tuvo la oportunidad de matarlo.

Eventualmente, Saúl y Jonatán fueron muertos en una batalla contra los filisteos, y David finalmente empezó su reinado. Bajo el gobierno de David, la nación creció y prosperó. Su base fue determinante para convertirse en una de las naciones más respetadas, temerarias y poderosas en el mundo. Antes de su muerte, David ayudó a preparar los materiales para el espléndido templo de Jerusalén, que su hijo Salomón construyó.

David inspiró a su pueblo a través de la devoción, la fe, la lealtad y el valor. A cambio, su pueblo le amó, respetó y sirvió. Aun hoy, miles de años después, millones continúan inspirados por el registro de las historias y eventos de su vida, los cuales describen su sentido profundo de propósito y pasión.

Abraham Lincoln

Abraham Lincoln creía que era esencial, para el futuro de los Estados Unidos de América, mantener al país unido en el tiempo en que los estados del Sur querían separar los temas de

El Espíritu de Liderazgo

la esclavitud y los derechos del estado. Su propósito era mantener la Unión, y su pasión para hacerlo, le guió a que mantuviera su visión de un país unido, aun cuando esto llevara a la guerra civil. Él también, tenía un propósito por el cual estaba dispuesto a morir. Lincoln escribió:

> Con frecuencia me pregunté, qué gran principio o idea fue mantener esta Confederación [Unión] junta por mucho tiempo....Esto era lo que prometía, que en poco tiempo el peso sería quitado de los hombros de todos los hombres. Este es un sentimiento incluido en la Declaración de Independencia....
>
> No he dicho nada, pero estoy dispuesto a vivir por ello, y si es el deseo del Todopoderoso Dios, también morir.[9]

Lincoln también ayudó a influenciar a la nación para tirar el yugo de la esclavitud. Justo antes que se pusiera en efecto la Proclamación de la Emancipación, Lincoln anunció su propósito y pasión para su acción en su mensaje anual al congreso:

> La prueba más candente por la que pasamos, nos iluminará ya sea para el honor o para el deshonor, de la última generación....Nosotros—aun *los que estamos aquí*—tenemos el poder y mantenemos la responsabilidad. Al *darle* libertad al *esclavo, aseguramos* la libertad del *libre*—igualmente honorables en lo que damos y lo que preservamos. Debemos noblemente guardar, o principalmente esparcir, la máxima y mejor esperanza de la tierra. Otros medios pueden triunfar; esto no podrá fallar. La manera es simple, pacífica, generosa, justa—una manera que, si es seguida, el mundo la aplaudirá por siempre y Dios la bendecirá por siempre.[10]

¿Qué es un verdadero líder?

Finalmente, Lincoln inspiró al pueblo a ponerle fin a la guerra y restaurar la unidad del país, aunque su propósito, por cierto, eventualmente le costó la vida.

> Profundamente esperamos—fervientemente oramos—que esta poderosa calamidad de la guerra pueda rápidamente terminar....Sin malicia hacia nadie; con amor para todos; con firmeza en la verdad, así como Dios nos permite ver la verdad, esforcémonos por terminar la obra que empezamos; para vendar las heridas de la nación...para lograr todo lo que pudiéramos lograr y disfrutar de una justa y perdurable paz, con nosotros mismos y con todas las naciones.[11]

Corrie ten Boom

Corrie ten Boom era de cincuenta años de edad cuando los nazis invadieron su nativa Holanda. En aquel tiempo, ella había vivido una vida oscura con su hermana mientras le ayudaban a su padre en la tienda de relojes y quieta pero devotamente practicaban su fe cristiana. Después que Holanda cayó, ella y su familia se enfrentaron a la realidad de la persecución nazi y la muerte de judíos. A través de esta crisis, descubrieron su propósito: preservar las vidas de los judíos y otros perseguidos por los nazis, escondiéndolos en una habitación secreta de su casa. Su pasión fue tan fuerte que arriesgaron sus propias vidas para este cumplimiento.

La pasión puede ser tan fuerte que lleva a hombres y mujeres a arriesgar sus vidas para su cumplimiento.

Eventualmente, Corrie y varios miembros de su familia fueron delatados. La GESTAPO nunca encontró a los judíos y a los miembros encubiertos de los alemanes, que fueron escondidos en su casa en el momento de su arresto, y el refugio fue llevado a unas nuevas "casas de seguridad". Sin embargo, el padre de Corrie murió en prisión y su hermana murió en un campo de concentración. Después de sufrir en prisión, trabajar en el campo y en un campo de concentración, Corrie estaba a punto de ser ejecutada cuando fue liberada por un error de oficina.

Después de su liberación, Corrie encontró un nuevo propósito. Viajó alrededor del mundo, contó su historia y le pedía a las personas que encontraran sanidad y libertad por medio del perdón. Este propósito fue severamente probado cuando se encontró con uno de los guardias quien había golpeado a su amada hermana. Él no la reconoció, pero había escuchado el mensaje de ella y se sintió conmovido para cambiar su vida por medio de la esperanza del perdón. Él vino y le extendió la mano a ella. Corrie paso por una intensa lucha interna, pero su pasión fue aun más fuerte que su dolor, y le dio su propia mano como muestra de perdón.

La fe, el coraje y la fuerza personal de Corrie ten Boom ha inspirado a millones que han leído su libro o visto su película basada en la vida real, ambos titulados *El Lugar escondido*.

John F. Kennedy

Cuando John F. Kennedy fue presidente de los Estados Unidos de América, demostró un claro propósito en dos áreas principales: Sintió que debía hacer algo para ayudar al pobre y desvalido dentro y fuera de su país; y sintió que debía desarrollar un programa espacial efectivo, colocando a los Estados Unidos a la delantera de todos los países con referencia a la ciencia y la tecnología. Estas dos cosas, en mi opinión, definen su pasión. En la búsqueda, encontró que su propósito era crear un sentido de dignidad en la psiquis estadounidense.

¿Qué es un verdadero líder?

Como resultado, JFK inspiró a la nación para cuidar de aquellos menos afortunados, ejemplificado por esta declaración: "No preguntes lo que tu país puede hacer por tí, sino lo que tú puedes hacer por tu país". Es decir, les pedía a sus conciudadanos servir a otros en vez de a ellos mismos. Para darles a los americanos una manera concreta para hacer esto, él inició el programa de Cuerpos de Paz, que enviaba voluntarios para ayudar a los nacionales en países subdesarrollados.

Kennedy también inspiró a los Estados Unidos de América a que invirtiera billones de dólares en un programa espacial. Creo que él primero creó en sus conciudadanos, el orgullo americano, y luego reforzó esa imagen propia capacitando al pueblo para alcanzar lo que ningún país había alcanzado antes—enviando (y regresando) a la luna una nave espacial tripulada.

Nuestro propósito debe convertirse en nuestra pasión, influenciando nuestro pensamiento y búsqueda.

Ronald Reagan

Ronald Reagan tenía un claro sentido de propósito en su vida: la eliminación del comunismo. Deseó levantar la opresión totalitaria de millones de personas que sufrían por sus ideologías y políticas. Su propósito se convirtió en su pasión, y esto influenció su pensamiento, búsqueda y políticas externas como presidente de los Estados Unidos de América. A diferencia de líderes estadounidenses anteriores, él creía que el comunismo no sólo podía ser encerrado, sino que también podía ser derrotado.

> "Es momento que nos comprometamos como nación—en ambos sectores, públicos y privados—para ayudar al desarrollo democrático....

El Espíritu de Liderazgo

Lo que estoy describiendo ahora es un plan y una esperanza a largo plazo—la marcha de la libertad y de la democracia lo cual dejará al marxismo-leninismo en los despojos de la historia, así como ha dejado otras tiranías que sofocan la libertad y ponen bozal a la auto-expresión de los pueblos....

Vamos a iniciar un mejor esfuerzo para asegurar lo mejor—una cruzada de libertad que engranará la fe y fortaleza de la próxima generación. Por el bien de la paz y la justicia, sigamos hacia un mundo en donde todas las personas sean libres para determinar sus propios destinos.[12]

Así como Churchill, Reagan vino a ser el líder de su país ya avanzado en edad, pero todo lo que experimentó y acumuló hasta ese momento, pareciera haberlo preparado para su función final y esencial. Dando uno de sus más memorables citas, Reagan se paró frente al muro de Berlín, un símbolo altamente visible de la opresión comunista, y envió esta nota a Mikhail Gorbachev, el entonces presidente de la Unión Soviética, que controló a Alemania Oriental: "¡Señor Gorbachev, derribe este muro!".

Reagan creyó tanto en su propósito que inspiró no sólo a su nación, sino también al mundo entero y vivió para ver el colapso del comunismo.

Pablo

Pablo, el líder cristiano primitivo y escritor, estaba dedicado al propósito de llevar el mensaje cristiano a los gentiles. Al principio, apasionadamente se opuso en el camino, cuando eran llamados al cristianismo, Pablo recibió su propósito cuando iba hacia Damasco y tuvo un encuentro con el Cristo vivo.

¿Qué es un verdadero líder?

La vida de Pablo dio un giro de 180 grados. Descubrió que había nacido para ser emisario para los pueblos que no eran de su propia raza y cultura. Su pasión por este propósito puede encontrarse en su carta a los cristianos primitivos de Roma, en donde escribió que fue "obligado por los griegos y los no griegos", y que estaba "ansioso de predicarles". También declaró: "No me avergüenzo del evangelio".

La convicción sobre nuestro propósito en la vida nos guía para mantenernos firmes en medio de los obstáculos.

Primero, él dijo que estaba "obligado", o forzado, por un propósito interno de ir a los gentiles. Segundo, él estaba "pronto". Su propósito generó una emoción y anticipación por llevar a cabo su labor. Tercero, él no se "avergonzaba" de su obra. Sin importar el ridículo, la persecución o el peligro que enfrentara, siempre perseveró en su llamado.

¿Cuánta gente tiene tal convicción sobre sus propósitos en la vida, que continúan firmes aun en medio de los desacuerdos y obstáculos como aquellos que enfrentó Pablo? Él no lo pudo haber logrado sin el propósito y la pasión interna. En su segunda carta a la iglesia en la ciudad de Corinto, en la Grecia antigua, escribió de su continua y ardua labor y cómo fue azotado, golpeado con varas, apedreado, buscado por las autoridades, encarcelado y en constante peligro de muerte. Naufragó tres veces; en una de esas veces, estuvo flotando en el mar por veinticuatro horas antes de ser rescatado. Él describió estar en "constante movimiento", enfrentando el peligro de los ríos, ladrones y de sus propios conciudadanos y gentiles. También dijo:

El Espíritu de Liderazgo

He trabajado sin descansar y con frecuencia sin dormir; he conocido el hambre y la sed y con frecuencia me he ido sin comer; he estado con frío y desnudo. Aparte de todo lo demás, diariamente enfrento la presión de mi preocupación por todas las iglesias. ¿Quién es débil y yo no siento lo débil?...Si debo ostentar, ostentaré de las cosas que muestran mi debilidad.

La dedicación de Pablo en su propósito y amor genuino por las personas, sirvió de inspiración, no sólo para su generación, sino también para las generaciones siguientes, quienes por miles de años, han leído sus palabras y han sido influenciados por su visión y ejemplo. Esta es la esencia del verdadero liderazgo—propósito, convicción, pasión, inspiración y compromiso hasta la muerte.

Madre Teresa

Agnes Gonxha Bojaxhiu, que mundialmente ha sido conocida como Madre Teresa, nació en Skopje, Macedonia. Cuando ella era niña, sintió que el propósito de su vida era servir a Dios a tiempo completo. Cuando tenía dieciocho años se convirtió en monja y se fue a India con las Hermanas de Loreto, donde enseñó en una escuela secundaria católica por muchos años. Durante este tiempo, fue testigo de la vida en pobreza y enfermedad que mucha gente en India tenían. El propósito de su vida y la pasión se cristalizaron cuando sintió el llamado de Dios para ayudar "a los más pobres de los pobres" y se volvió devota para llevar esperanza, dignidad, sanidad y educación a los necesitados en Calcuta—aquellos quienes otros habían rechazado por estar fuera del alcance de la ayuda o que no valían la pena.

La Madre Teresa inició su propia orden llamada "Las Misioneras de la Caridad" y se convirtió en personaje reconocido

¿Qué es un verdadero líder?

nacional e internacionalmente por su labor humanitaria desinteresada. Su pasión por ayudar a otros le guió a identificarse totalmente con ellos: Se convirtió en ciudadana de India y siempre mantuvo su voto de pobreza, aun cuando fue famosa.

Su labor se expandió más allá de la India a otros países del mundo, influenciando a cientos de miles para acompañarla en su visión. Ella creía en la diferencia que una persona puede hacer en el mundo, diciendo: "Si usted no puede alimentar a cien personas, entonces alimente sólo a una", y "el amor da fruto en todas las estaciones, y al alcance de cada mano".[13]

> "No espere por los líderes, hágalo solo, de persona a persona".

La Madre Teresa animó a otros: "No espere por los líderes, hágalo solo, de persona a persona".[14] Esta declaración pareciera sintetizar su propósito, pasión e inspiración: No esperar hasta que los líderes inicien programas o que otras personas actúen cuando existen verdaderas necesidades; más bien, hacer lo que ella personalmente pudo hacer para ayudar; la Madre Teresa se convirtió en una líder. Influenció a muchos otros a despertar sus propios dones de liderazgo y, al hacerlo, multiplicó su eficacia mil veces más. Nuevamente, notamos que los verdaderos líderes no procuran seguidores, pero su apasionada búsqueda de sus propósitos y convicciones inspiran a otros a seguirles en su declarada visión.

Descubriendo su propio potencial de liderazgo

La historia de la Madre Teresa re-enfatiza esta importante verdad sobre el liderazgo: Debemos recordar que, aunque los líderes tengan seguidores, tener seguidores no es un prerrequisito para ser un líder. **Las demandas del liderazgo pueden requerir que usted se quede solo al enfrentar un conflicto, opinión pública o crisis.** Pero, la mera disposición de mantenerse firme en lo que usted cree, sin importar lo que pase, es lo que con frecuencia inspira a las personas para que le sigan.

La mayoría de los líderes van a contrapelo, de un punto a otro, y deben mantenerse solos en sus convicciones. Por ejemplo, Nelson Mandela estaba dispuesto a morir o estar encarcelado solo, para cumplir con su pasión y terminar la separación racial. Su determinación inspiró a muchas personas a mantenerse creyendo durante todos los años que él estuvo encarcelado. Cuando finalmente fue liberado de la prisión, salió a influenciar al mundo debido a su valor. Si usted quiere ser un líder, entonces, como la Madre Teresa dijo: "No espere por [otros] los líderes; hágalo solo, de persona a persona". Cuando usted tenga un propósito y una pasión, debe llevarla a cabo, aunque usted sea el único que crea en eso, en ese momento.

LA MAYORÍA DE LOS LÍDERES TIENEN QUE IR A CONTRAPELO, DE UN PUNTO A OTRO.

Los ejemplos anteriores demuestran que la forma más pura del liderazgo es influenciar por medio de la inspiración. **Creo que la inspiración es un depósito divino del destino en el propósito de una persona. Es lo opuesto a la intimidación y no contiene manipulación.**

Vamos a resumir esta sección con otra definición de liderazgo que describe las vidas que acabamos de ver: "El liderazgo es la capacidad de influenciar, inspirar, reunir, dirigir, animar, motivar, inducir, mover, movilizar y activar a otros en la

¿Qué es un verdadero líder?

búsqueda de una meta o propósito en común, manteniendo el compromiso, fuerza, confianza y denuedo".

¿Cómo descubre usted su propósito y pasión personal como "depósito divino del destino"?. Una muy importante manera es preguntarse a sí: "¿Cuál es mi don?". Para lo que usted es dotado con frecuencia revela el tipo de liderazgo para lo que fue destinado a ejercer, y, en qué campo debe usted operar.[15] **Los verdaderos líderes descubren la clave de la naturaleza del liderazgo por los ejemplos de otros, pero nunca tratan de *convertirse* en esos otros líderes. Deben usar sus propios dones y habilidades para hacer lo que individualmente fueron llamados a hacer.**

La necesidad vital para su liderazgo

Si usted no descubre su propio potencial de liderazgo, eso significa que usted no será capaz de cumplir con la misión de su vida. El resultado es que usted va a privar a su generación y las siguientes, de su única y vital contribución al mundo. Creo que el Creador nos ha dado vida a cada uno de nosotros para cumplir algo en nuestra generación. El gran rey Salomón escribió que hay "tiempo para nacer, y tiempo para morir". Esto quiere decir que el tiempo de su nacimiento fue esencial para alguna necesidad en el mundo que usted está supuesto a suplir.

Suponiendo que Moisés se haya negado ir a Egipto y decirle al faraón que liberara a los hebreos. Considere cómo fuera el mundo si Winston Churchill hubiera dicho: "La supervivencia de Gran Bretaña y el resto del mundo libre, es problema de otros. Voy a dejar que los nazis hagan lo que quieran". Suponiendo que Corrie ten Boom haya decidido que el esconder judíos era una propuesta demasiado riesgosa. ¿Si Martin Luter

El Espíritu de Liderazgo

King, Jr., no hubiera pensado que los derechos civiles eran importantes como para morir por ellos? ¿Qué hubiera pasado si la Madre Teresa hubiera ignorado a los pobres y enfermos de las calles de Calcuta?

Puede que nunca, en toda nuestra vida, hayamos conocido el impacto total de nuestra influencia y acciones, grandes o pequeñas. A la luz de esta verdad, desarrollar el potencial de liderazgo de alguien no debería ser una opción para nadie. Tenemos una responsabilidad de encontrar, ejecutar y completar nuestros propósitos. A medida que vayamos entendiendo la naturaleza y las actitudes de los verdaderos líderes, podremos remover cualquier cosa que esté impidiéndonos desarrollar el espíritu de liderazgo para que podamos hacer una contribución positiva y duradera a nuestra generación.

¿Qué es un verdadero líder?

Principios del capítulo

1. El verdadero liderazgo es una actitud en vez de un título. Éste inspira en vez de manipular o controlar.
2. La influencia sola no es liderazgo. El liderazgo es la capacidad de influenciar a otros a través de la inspiración motivada por una pasión, generada por una visión, producida por una convicción, encendida por un propósito.
3. El liderazgo no es una búsqueda sino que es un resultado.
4. El *líder* no es una clasificación que usted se da. El liderazgo es un privilegio confiado por los seguidores.
5. Los líderes inspiran al expresar su pasión interna, lo cual inspira a otros para querer unirse en la búsqueda de las visiones de los líderes.
6. La fuente de la inspiración es la pasión.
7. La pasión del verdadero liderazgo es el descubrimiento de una creencia, razón, idea, convicción, o causa, no sólo para vivir, sino también para morir, la cual se enfoca en beneficio de la humanidad como un todo.
8. La pasión viene del propósito.
9. La verdadera inspiración no es la manipulación o el lavado de cerebro, sino una invitación a buscar algo más alto o mejor de lo que hayamos tenido antes, y en el proceso, ganar un sentido de significado e importancia para la vida propia.
10. Los líderes, con frecuencia, son personas comunes que aceptan o son colocadas en circunstancias extraordinarias que exteriorizan su latente potencial, produciendo un carácter que inspira seguridad y confianza en otros.
11. El mayor liderazgo parece emerger durante los momentos de conflictos personales, sociales, económicos, políticos y espirituales.

El Espíritu de Liderazgo

12. Tener seguidores no es un prerrequisito para ser un líder. Las demandas del liderazgo pueden requerir que usted se quede solo al enfrentar un conflicto, opinión pública o crisis.
13. La inspiración es un "depósito divino del destino" en el propósito de una persona.
14. Para lo que usted es dotado con frecuencia revela el tipo de liderazgo para lo que fue destinado a ejercer, y, en qué campo debe usted operar.
15. Los verdaderos líderes descubren la clave de la naturaleza del liderazgo por los ejemplos de otros, pero nunca tratan de *convertirse* en esos otros líderes. Deben usar sus propios dones y habilidades para hacer lo que individualmente fueron llamados a hacer.
16. Fallar en descubrir o buscar su propio potencial de liderazgo, privará a su generación y las siguientes, de su única y vital contribución al mundo.

Capítulo Tres
El liderazgo del espíritu

Para ejercer el liderazgo, debe creer que usted es verdaderamente un líder.

El liderazgo realmente se da en dos cosas: quién es y cómo piensa usted. Tiene que ver con descubrir de su identidad como un líder nato y luego, entender la manera de pensar de los verdaderos líderes para que usted pueda cumplir su llamado inherente. Si usted no establece primero su naturaleza de liderazgo, será muy difícil tener una mentalidad de liderazgo.

El verdadero liderazgo primero tiene que ver con quién es usted y no con lo que usted hace. La acción del liderazgo fluye naturalmente de una revelación personal del liderazgo. Para ejercer el liderazgo, usted debe creer que es inherentemente un líder. Una vez más, para buscar el propósito tal como lo hacen los líderes, usted debe pensar como un líder. Para pensar como un líder, usted debe recibir los pensamientos del liderazgo. Para recibir los pensamientos del liderazgo, usted debe tener un encuentro personal con su verdadero yo—un descubrimiento de su naturaleza, habilidad y esencia como ser humano. Al igual que un producto no puede saber su verdadero propósito o

El Espíritu de Liderazgo

valor, excepto en la relación con su fabricante, así es con usted y conmigo.

Anteriormente, hice una distinción entre el liderazgo del espíritu y el espíritu de liderazgo. **El *liderazgo del espíritu* es la capacidad y el potencial inherente del liderazgo que es la naturaleza esencial de los seres humanos.** El *espíritu de liderazgo*, **que es en lo que principalmente se enfoca este libro, es la determinación mental o las actitudes que acompañan al verdadero liderazgo del espíritu y que permite al adormecido potencial de liderazgo que sea totalmente manifestado y maximizado.** Entender claramente esta diferencia es crucial para descubrir y experimentar su capacidad de liderazgo. En este capítulo, echaremos un vistazo más de cerca al liderazgo del espíritu. En el próximo capítulo, exploraremos el espíritu de liderazgo.

El liderazgo se da en dos cosas: quién es y cómo piensa usted.

¿Qué es el liderazgo del espíritu?

En mis conferencias y seminarios del liderazgo, que comparto con organizaciones gubernamentales, educacionales, empresas, organizaciones no lucrativas y religiosas alrededor del mundo, por lo general inicio con una declaración que encierra mi filosofía del liderazgo: **"Atrapado dentro de cada seguidor hay un líder escondido".** Siempre me sorprende ver la reacción en los rostros de la audiencia mientras intentan captar las implicaciones de esta declaración. Usualmente, puedo predecir sus primeros pensamientos, que es con frecuencia la pregunta: "¿Si cada seguidor es un potencial líder, entonces quien les va a seguir?" Esta reacción es natural y legítima a la

El liderazgo del espíritu

luz de nuestros conceptos tradicionales y filosóficos del liderazgo, como han sido promocionados por siglos.

Sin embargo, la declaración anterior contiene la esencia de lo que la filosofía original del liderazgo prometía ser. Es sobre esta premisa que propongo creer que el liderazgo está inherente en el espíritu humano de cada persona, pero sólo una fracción minúscula de la población humana, conoce, descubre, cree o intenta desarrollar o liberar este escondido potencial de liderazgo.

Esta capacidad de liderazgo está escondida bajo las percepciones sociales, culturales e ideológicas que restringen, desaniman y ocultan esta manifestación. La mayoría de la población de este planeta se rinde al concepto social del liderazgo y se somete a las sombras de los mitos de la filosofía del liderazgo. El resultado es que sus grandes dones y talentos son ahogados, y el mundo nunca está disponible para beneficiarse de ellos. ¡Qué tragedia!

El darme cuenta de esta inhibición de nuestro don de liderazgo, dio a luz al propósito profundo en mi corazón, el cual se ha convertido en la pasión de mi vida que es: ayudar a tanta gente como sea posible, de cada nación, raza, credo o nivel social, a descubrir su verdadero potencial de liderazgo.

El liderazgo: Capacidad inherente del espíritu humano

Si atrapado dentro de cada seguidor hay un líder escondido, entonces ¿de dónde viene este inherente potencial de liderazgo? Y si existe, ¿por qué tantos no parecen exhibirlo o mostrar alguna evidencia de esta presencia? Estas preguntas apuntan al tema principal de este libro, que es el *liderazgo del espíritu*.

El Espíritu de Liderazgo

Una definición completa del liderazgo del espíritu podría ser—

La capacidad inherente del espíritu humano para dirigir, manejar y dominar, el cual fue puesto en el momento de la creación y se hizo necesario para el propósito y misión para lo cual el hombre (la humanidad) fue creado.

Para entender este concepto y sus principios subyacentes, es necesario entender los principios inherentes en la naturaleza de la creación. Nuevamente, el liderazgo no es algo por lo que los seres humanos deberían *esforzarse*. Es algo que ya ha sido dado debido a nuestro propósito y designio. El liderazgo del espíritu es la esencia del espíritu humano. El hombre no *tiene* un espíritu; el hombre *es* un espíritu, y ese espíritu es una expresión del Espíritu de Dios. La naturaleza esencial de su Espíritu está en nuestros espíritus debido a la Fuente de donde venimos. El liderazgo es realmente un descubrimiento de quienes realmente somos y la aplicación de ese descubrimiento para nuestras vidas. Simplemente digamos que, el verdadero liderazgo es el descubrimiento y manifestación personal.

Cuando nos realicemos, naturalmente seremos líderes.

Reconocer el liderazgo del espíritu es la clave para entendernos a nosotros mismos. En realidad, no nos "convertimos" en propósito, como si el liderazgo fuera una opción entre otras elecciones. Sino que, **cuando nos realicemos, naturalmente *seremos* líderes.** Desearemos maximizar todos nuestros dones y talentos en el cumplimiento de nuestros propósitos en

El liderazgo del espíritu

la vida. Sin embargo, para entender este punto crítico, debemos estudiar el origen del liderazgo del espíritu.

El origen del liderazgo del espíritu

Para ayudarle a entender el principio de la creación del liderazgo del espíritu, empecemos con una ilustración.

En 1976, yo era un estudiante de una universidad renombrada, y uno de mis principales temas de estudio fue las artes. En este curso, debíamos producir pinturas, esculturas en piedra, dibujos y obras de arte de cualquier variedad. Me encantaban las esculturas en piedra y madera, y aprendí muchas lecciones de esa experiencia. Sin embargo, una de las lecciones más importantes que aprendí, fue con referencia a los principios del origen, recursos y su relación con el propósito y potencial. Estas lecciones han cultivado y formado las bases de mi entendimiento y filosofía de la vida.

En dos ocasiones, me dispuse a hacer un proyecto de escultura en madera y piedra, y, escogí mi materia prima de piezas desechadas de árbol y piedra. Después de muchas horas de trabajo siguiendo el diseño que había perfeccionado, vino el día cuando finalmente lo terminé y estuve orgulloso de los resultados. Cuando entregué mi proyecto al profesor, obtuve una "A" y fue un buen resultado para completar mis requisitos de graduación. Estaba tan orgulloso de mis esculturas que me las llevé a casa y los coloqué en un lugar muy prominente de mi apartamento.

Sin embargo, un año más tarde, algo sucedió que cambio por siempre la vida de mis esculturas. Decidí limpiar la escultura de madera y encerar la de piedra. Cuando levanté la pieza de madera para mostrar el resultado de mi ardua labor, parte de la madera se quedó en la mesa y la otra parte en mis manos. Mi corazón se desplomó, como la base de la figura que se desbarató ante mis ojos.

Profundamente conmocionado por el giro de este evento, me fui a ver la escultura de piedra y preocupado pensando que le pudo haber pasado lo mismo. Mientras le daba brillo, la piedra se empezó a desbaratar en polvo. Con mucho desanimo y tristeza, tuve que aceptar la realidad de que todo mi trabajo había sido en vano y que el resto de mi obra de arte estaba destinada a desintegrarse. Hoy, ambas piezas son sólo recuerdos, pero aprecio más la lección que esta experiencia me enseñó.

A continuación presento la gran sabiduría que obtuve de las esculturas de madera y piedra:

1. La naturaleza del origen de la composición del material determina la naturaleza de la composición del producto hecho o producido de este.
2. Lo que esté en el origen, está en el producto.
3. La fuerza y durabilidad del origen determina la durabilidad del producto creado.
4. La capacidad del producto es tan bueno como el de su origen.
5. Si el origen es poroso o débil, entonces el producto será poroso y débil.
6. El principio clave es que una cosa consiste de los mismos componentes y consistencias de donde proviene. Es decir que...
7. El origen determina el recurso.

Principios de la creación

Estos conceptos me ayudaron a entender la naturaleza de la misma vida, y, como resultado, mi vida cambió. Una revisión

El liderazgo del espíritu

detallada del relato de la creación en el primer libro de Moisés, en los pasajes hebreos, revelan que todo en la creación fue creado de una especifica materia prima u origen. En el primer capítulo del relato, observamos el proceso y los principios de la creación, como el Creador hace los diferentes productos de la naturaleza, tales como las estrellas, la vegetación, los animales, las criaturas marinas y los pájaros. Los preceptos importantes escondidos en estos actos de creatividad pueden ser resumidos en los siguientes principios:

1. El Creador primero estableció el propósito de lo que deseó hacer.
2. El Creador identificó el material de donde cada producto en la creación iba a hacerse.
3. El Creador orientó Su discurso creativo al material de donde deseó que el producto fuera hecho.
4. El producto poseía los mismos componentes del origen de donde se derivó, y, por lo tanto, tenía el mismo potencial.

El origen determina el recurso.

De los siguientes pasajes de la creación, rápidamente miramos que todo lo que está sobre la tierra, de alguna manera provino del suelo, y, por lo tanto consiste de los elementos de la tierra:

> Entonces dijo Dios: "Produzca la tierra hierba verde: hierba que dé semilla; árbol de fruto que dé fruto según su género". Y fue así. Produjo pues, la tierra hierba verde, hierba que da semilla según su naturaleza, y árbol que da fruto, cuya semilla está en él, según su género. Y vio Dios que era bueno.

El Espíritu de Liderazgo

Y dijo Dios: "Produzcan las aguas seres vivientes, y aves que vuelen sobre la tierra, en la abierta expansión de los cielos". Y creó Dios los grandes monstruos marinos, y todo ser viviente que se mueve, que las aguas produjeron según su género, y toda ave alada según su especie. Y vio Dios que era bueno.

Y dijo Dios: "Produzca la tierra seres vivientes según su género: ganado y serpientes y animales de la tierra según su especie". Y fue así según. Hizo Dios animales de la tierra según su género, y todo animal que se arrastra sobre la tierra según su especie. Y vio Dios que era bueno.

La vegetación, los pájaros y los animales, en principio, vinieron del suelo. Los peces y otras criaturas marinas fueron creados de las aguas, y las estrellas fueron producidas del firmamento. Todos los maravillosos productos de la creación que tenemos sobre la tierra, consisten de cualquiera que fuere su origen, y de hecho cuando mueren, vuelven a los componentes de su origen. En el caso de las plantas y los animales, vuelven al polvo de donde vinieron.

¿Por qué este principio es tan importante para entender el liderazgo del espíritu? La respuesta se encuentra en el proceso de Dios, para la creación del hombre. Cuando fueron hechos los aspectos anteriores de la naturaleza, el Creador dirigió su discurso creativo para la tierra, el agua y el firmamento. Pero cuando llegó el momento de crear a las especies humanas, su enfoque cambió.

> Entonces dijo Dios: "Hagamos al hombre a nuestra imagen, conforme a nuestra semejanza; y señoree ["tener dominio"] en los peces del mar, en las aves de los cielos, en las bestias, en toda la tierra, y en todo animal que se arrastra sobre la tierra".

El liderazgo del espíritu

La más asombrosa distinción aquí es que, en su creación de la humanidad, el Creador no le habló a la tierra, agua o firmamento. Él se habló a Sí mismo diciendo: "*Hagamos* al hombre a nuestra *imagen*, y semejanza, y que señoree [tenga domino o gobierno sobre el resto de la creación]".

Muchos de nosotros perdemos de vista el punto esencial aquí. Los humanos no sólo fueron hechos por Dios, sino también conforme a Su propia naturaleza.

La palabra "*imagen*" usada en este versículo, significa lo siguiente del texto hebreo original:

> *selem* (6754): "estatua; imagen; copia"....La palabra... significa "imagen" en el sentido de la esencia humana. ...Naturaleza humana en sus características internas y externas...Así, también, Dios hizo al hombre a Su propia "imagen", reflejando algunas de Sus propias perfecciones: Perfección en conocimiento, rectitud, santidad y con dominio sobre las criaturas....en Génesis 1:26 (la primera aparición de la palabra) la "imagen" de Dios es repetida por dos palabras hebreas (*selem* y *demut*).[16]

> **Los humanos no sólo fueron hechos por Dios, sino también conforme a Su propia naturaleza.**

La palabra para *semejanza* es parecida a *imagen*, pero abarca un significado adicional: "*demut* (1823), 'semejanza; forma; figura; forma; patrón'...Primero, la palabra significa 'patrón', en el sentido de las especificaciones de donde un elemento actual es hecho".[17] La forma del verbo para *semejanza* es el siguiente: "*damah* (1819), 'ser como, parecerse a, ser o actuar como, asemejarse o compararse con, proyectarse, juzgar o reflejar con'".[18]

¿Por qué es tan importante entender estas palabras y sus implicaciones? Porque estas son las palabras que definen y describen la esencia de nuestra composición, capacidad, habilidad, potencial y valor. También confirman y revelan cómo y por qué el Creador lo diseñó a usted.

De acuerdo a las definiciones y significados anteriores, ser hechos a imagen y semejanza de Dios significa que usted posee la naturaleza espiritual, características, especificaciones esenciales y "cualidades" de Dios y son una reflexión de sus cualidades espirituales. También denota que usted fue diseñado para ser, actuar y funcionar como el Creador. En esencia, Dios lo creó a usted de su propia cualidad y se lo sacó de su propio Espíritu, y, por consiguiente, en lo que respecta a las especies, usted está en la "clase de dios" en el sentido de que usted es considerado su "hijo" o descendiente.

Sin embargo, aun más importante que este conocimiento es conocer y entender por qué Dios el Creador lo escogió a usted y a mí de esta manera—para reflejar Sus maravillosas cualidades. La razón por la cual Dios hizo esto, es la clave para entender la naturaleza del espíritu (liderazgo) humano.

REDESCUBRIENDO SU PROPÓSITO DE LIDERAZGO

Recuerde que todo lo que hace Dios está motivado por Su propósito, y por lo tanto el propósito original para un producto determina su diseño, composición, capacidad y potencial. El propósito puede ser definido como "intento original" o "razón para la creación". Por ejemplo, Dios creó las semillas para producir árboles y plantas, y, naturalmente poseen las habilidades

El liderazgo del espíritu

y capacidades inherentes para ejecutar su propósito. El pez fue creado para nadar, y de esta manera su habilidad y capacidad para nadar es inherente en su diseño e instintos. Nunca necesitan ir a clases de natación.

Por otro lado, los pájaros fueron creados con el propósito de volar y naturalmente nacen con el diseño y habilidad inherente para cumplir ese propósito. Los pájaros nunca van a clases de vuelo. El principio es que, lo que el Creador estableció con el propósito original para su creación, determinó su natural e inherente diseño, su materia prima, capacidad, habilidad, talentos naturales y potencial.

Este principio conlleva la pregunta: "¿Por qué entonces, el Creador, creó a la humanidad?" La respuesta se encuentra en la declaración de Su propósito e deseo original para la humanidad: "Y señoree ["tenga domino"]… sobre toda la tierra". Nos creó de Él mismo porque su intención era que gobernáramos sobre la tierra. De nuevo, el propósito es la razón para la creación de algo. En esencia, es la razón del por qué una cosa existe.

Los seres humanos son hechos de material para gobernar.

Con esta definición en mente, ahora es crítico que nosotros definamos la palabra *"dominio"*, ya que ese es el propósito expreso de Dios para la creación de la humanidad. El significado de dominio en Génesis 1:26 es *radah* que significa "pisotear, (i.e. subyugar; específicamente pulverizar:—hacer venir a, hacer que) tener dominio, prevalecer, reinar, (llevar, hacer) regir". [19]

Espero que ya se haya convencido de que el propósito para su creación es tener gobernabilidad, dominio, señorío,

El Espíritu de Liderazgo

autoridad y liderazgo sobre la tierra y su entorno. Sin embargo, si el propósito del Creador para su existencia es liderazgo, gobernabilidad y manejo sobre el reino terrenal, entonces, talvez puede ser de ayuda, mirar unos cuantos principios del propósito que se relacionan a la creación:

1. El propósito determina el diseño.
2. El propósito determina el potencial.
3. El propósito determina las habilidades naturales.
4. El propósito determina la capacidad y la habilidad.
5. El propósito determina los talentos naturales.
6. El propósito determina los deseos naturales.
7. El propósito determina el cumplimiento y satisfacción personal.
8. El propósito la fuente de la pasión.
9. El propósito da significado a la existencia.
10. El propósito es la medida del éxito o el fracaso.

A través de estos principios, somos nuevamente llevados a este principio vital: Si algo es creado para hacer algo, está diseñado con la habilidad de hacerlo. Este concepto está en el centro del liderazgo del espíritu. Si fuimos creados para ser líderes, entonces todos debemos poseer la capacidad, el deseo inherente, talentos naturales, potencial y habilidades que corresponden a ser un líder. Usted no lo puede pedir a un producto lo que no tiene.

Recuerde lo que Dios requiere de la humanidad. El Creador expresó su intención y misión para los seres humanos cuando dijo lo que teníamos que hacer. Dios no estaba hablando sólo al primer hombre, Adán, sino a toda la humanidad, porque dentro de un hombre están las simientes de toda

El liderazgo del espíritu

la humanidad. La intención del Creador fue que la criatura humana gobernara y dominara con y para Él. Su intención era compartir Su liderazgo y administración de la creación con la humanidad.

Para entender más sobre nosotros mismos en nuestra capacidad como líderes, debemos examinar la naturaleza del Creador, porque fuimos diseñados para reflejar sus atributos y características. El Creador no tiene dominio; Él es la misma esencia del dominio; es lo que Él es. Él no tiene autoridad; Él es la pura naturaleza de la autoridad. Él no tiene amor; Él es amor. Él no tiene gloria; Él es la gloria. Él no posee liderazgo; Él es el liderazgo. De manera similar, el hombre no adquiere dominio; está hecho de material para gobernar. Él no desarrolla poder; está inherente dentro de él. De hecho, el liderazgo no es algo que el hombre puede "poseer". Es parte de quien él es.

> El propósito de para el que usted fue creado fue para gobernar la tierra y su entorno.

El Creador es un hacedor de líderes. Ser diseñados a la imagen y semejanza de Dios significa que fuimos ordenados por Él para ser líderes. Él no nos produjo y luego decidió que nos desarrollaría en líderes. Fuimos diseñados con eso en mente. Debido a que Él nos creó para ser líderes y para dominar, Él ha usado el "material" de liderazgo y dominio. Este material se origina únicamente en Él, y nos hizo de Su propia naturaleza.

Diseñado para dominar

Cada fabricante diseña su producto con los componentes correctos, diseñado para cumplir la función para la cual ese producto fue creado. En esencia, el propósito del producto

El Espíritu de Liderazgo

dicta los componentes mecánicos e ingeniería requeridos para cumplir el propósito del fabricante. Sus "circuitos" son correctos para el trabajo.

Este principio se mantiene firme en toda la creación, incluyendo a los seres humanos. El Creador provocó el ser inherente en cada entidad creada—incluyendo la culminación de su creación, la humanidad—todo lo que necesita para cumplir Su propósito original. El propósito original para la humanidad, definido y establecido por el Creador fue "señorear" ["tener dominio"]…sobre toda la tierra". Debido a que en este caso, la palabra "dominio" significa reinar y gobernar, el Creador diseñó a los humanos con la habilidad y capacidad natural para liderar.

Podemos concluir que los seres humanos están diseñados para el liderazgo. La humanidad tiene el circuito natural para dominar su entorno. La mayor evidencia de lo que un producto puede o es capaz de hacer, está determinada por las demandas hechas en él por quien lo hizo. Por lo tanto, **el requisito de Dios para que dominemos, es la evidencia de que la habilidad para liderar está inherente en cada espíritu humano.** Este es *el liderazgo del espíritu*.

Líderes por naturaleza

Somos líderes por naturaleza. Cada humano tiene el instinto para el liderazgo, aunque la mayoría nunca lo manifestemos. El deseo de liderar y alcanzar grandeza es natural, aunque muchos neguemos que este silencioso y apasionado anhelo exista en cada corazón del humano. El liderazgo es su deseo y destino.

El máximo líder, Jesucristo, sostuvo un interesante encuentro con un pequeño grupo de hombres a quienes

El liderazgo del espíritu

había escogido para entrenarlos como líderes. Su escuela de entrenamiento se mantuvo por tres años y su éxito como mentor y entrenador es evidente por el impactante resultado que Sus estudiantes han tenido en el mundo y en el desarrollo humano en los últimos dos mil años. Leamos una de las conversaciones que utilizó como una oportunidad para enseñar sobre la definición y preceptos del verdadero liderazgo.

El secreto del liderazgo para obtener grandeza

En el Nuevo Testamento, en el libro de Mateo, uno de los estudiantes de Jesús, escribió este relato de una petición que fue hecha por dos de sus estudiantes, que estaban en la escuela de entrenamiento para el liderazgo. Éste lo anotó así:

> Entonces se le acercó la madre de los hijos de Zebedeo con sus hijos, postrándose ante él y pidiéndole algo. El le dijo: ¿Qué quieres? Ella le dijo: Ordena que en tu reino se sienten estos dos hijos míos, el uno a tu derecha, y el otro a tu izquierda. Entonces Jesús respondiendo, dijo: No sabéis lo que pedís. ¿Podéis beber del vaso que yo he de beber, y ser bautizados con el bautismo con que yo soy bautizado? Y ellos le dijeron: Podemos. El les dijo: a la verdad, de mi vaso beberéis, y con el bautismo con que yo soy bautizado, seréis bautizados; pero el sentaros a mi derecha y a mi izquierda, no es mío darlo, sino a aquellos para quienes esta preparado por mi Padre. Cuando los diez oyeron esto, se enojaron contra los dos hermanos. Entonces Jesús, llamándolos, dijo: sabéis que los gobernantes de las naciones se señorean de ellas, y los que son grandes ejercen sobre ellas potestad. Más entre vosotros no será así.

El Espíritu de Liderazgo

Luego, Jesús hizo una declaración asombrosa. Por favor, primero nótese que Él no rechazó el deseo de los hermanos en ser grandes y buscar posiciones de liderazgo. De hecho, con la siguiente declaración, fue más allá y les mostró *cómo* obtener grandeza. ¿Por qué no los rechazó? Porque sabía y entendía la naturaleza y la pasión inherente de la criatura humana.

Los seres humanos estamos diseñados para el liderazgo.

Sino que el que quiera hacerse grande entre vosotros será vuestro servidor, y el que quiera ser el primero entre vosotros será vuestro siervo—como el Hijo del Hombre no vino para ser servido, sino para servir, y para dar su vida en rescate por muchos.

Creo que esta historia contiene el gran secreto del verdadero liderazgo, como también el proceso necesario para convertirse en un líder genuino. Con su respuesta, a esta pregunta de la grandeza, Jesús expresó la clave, la naturaleza y el proceso para que usted descubra y manifieste su verdadero liderazgo del espíritu.

¿Qué es lo natural del liderazgo del espíritu? él dijo que cualquiera que quiera ser grande, debe ser siervo de todos, y el que quiera ser primero, será el último. Por lo tanto, el secreto de la grandeza está en servir a los demás.

Para entender este principio, usted debe responder la pregunta: "¿En qué sirvo a los demás?" Creo que esta es la mayor revelación del verdadero liderazgo que he descubierto y superado a todas las teorías e investigaciones del pasado. Lo que Jesús estipula aquí es que, para convertirse en un gran líder, para lo cual usted fue creado y destinado, debe descubrir su

El liderazgo del espíritu

inherente don y misión, únicos (su propósito original) y servir con eso al mundo humano. No busque grandeza, sino busque servir con su don a otros a la máxima extensión que pueda, y se convertirá en una persona que todos busquen.

En esencia, Jesús definió que el verdadero liderazgo es convertirse en una persona que es valiosa para otros, en vez de ser una persona de posición o fama. **Si encuentra su don único o talento especial y se compromete a servir con ello al mundo humano, entonces su importancia hará que la gente le busque. Usted se volverá una influencia al ejercer su don, en vez de su manipulación. Mientras más se convierta en una persona cuyo don es valioso, mayor será su influencia.**

Liderazgo quiere decir que usted debe descubrir y servir al mundo. Cuando usted haga esto eficazmente, las personas le llamarán líder. Todos los verdaderos líderes son simplemente siervos glorificados. El liderazgo genuino no es medido por cuánta gente le sirve a usted, sino a cuánta gente usted sirve. Mientras mayor sea su servicio, más valora a otros y mayor es su liderazgo. Mi amonestación para usted, es que no busque grandeza sino sirva como forma de su liderazgo. **La distancia más corta al liderazgo, es el servicio.**

El secreto para la grandeza está en servir a los demás.

En su sesión de entrenamiento para el liderazgo, Jesús reveló Su actitud de liderazgo y se usó Él mismo como un ejemplo de servicio como forma de liderazgo, diciendo: "El Hijo del Hombre no vino para ser servido, sino para servir, y para dar su vida en rescate por muchos". En otras palabras, Él estaba explicando lo que hace grande a una persona. Era como que estuviera diciendo: "Yo soy un ejemplo. Estúdienme. ¿Cuál es mi don? ¿Qué vine a hacer a este mundo? ¿Cuál es mi propósito? ¿Cuál es mi misión?" Él vino a redimir o sustituir a todos para que puedan beneficiarse de Su sacrificio. Por lo tanto, Él estaba diciendo: "¿Ya ves? Así es como te conviertes en grande. Estoy cumpliendo con mi propósito. Yo mismo sirvo al mundo y doy mi vida para el beneficio de otros. Estoy sirviendo como redención para que todos puedan ser libres".

Esencialmente, también nos esta diciendo: "Encuentra lo que se supone que debes hacer y sirve a los demás. Entonces serás grande". De nuevo, esto significa que su liderazgo de grandeza no es un título o posición. Una persona se convierte en esclavo o siervo porque existe para las personas a las cuales sirve. Los esclavos existen para sus amos. En un sentido, como líderes, el mundo viene a ser nuestro "amo".

Volvamos a la pregunta: "¿en qué sirvo a los demás?" Para lo que fuera que hemos sido creados, para eso nos creó Dios. Esto nos ayuda a entender que podemos con frecuencia, decir que nuestro dominio de liderazgo es con lo que naturalmente fuimos diseñados. ¿Cuáles son sus inclinaciones, gustos, pasiones, talentos y habilidades naturales? Estos son parte de su diseño. Estos indican la(s) área(s) en donde usted esta supuesto a dominar. Esto se convierte en lo que llamamos su dominio. **Encuentre su dominio y sirva con ellos al mundo. Otros han estado esperando por su don, toda la vida. Por lo tanto, lidere a través del servicio.**

Liderazgo de servicio

La discusión anterior reintroduce la filosofía más grande y secreta jamás dada a la humanidad y emana del concepto

El liderazgo del espíritu

original del liderazgo introducido en el primer libro escrito por Moisés: Cada persona fue creada para dominar en un área específica de talentos. Este concepto de liderazgo es llamado "liderazgo de servicio" y expresa la filosofía que todos los seres humanos fueron diseñados y nacidos para servir al mundo con sus dones y talentos únicos.

Esta filosofía implica naturalmente que cada humano está en este planeta con una semilla de grandeza enterrada en un don necesario para el mundo. El liderazgo de servicio, entonces, es la forma máxima del liderazgo y manifiesta la verdadera naturaleza del humano y la imagen de su Creador.

> Todo humano tiene una semilla de grandeza enterrada en un don necesario para el mundo.

El liderazgo de servicio integra todos los siguientes preceptos, que son:

- Descubrir el propósito, don y talento personal, y, el compromiso para darlos al servicio del humano.
- Estar preparado para servir al mundo con el don personal, en cada oportunidad para el mejoramiento de la humanidad.
- Darse al mundo.
- "Auto-distribución" a su generación.
- La maximización de la manifestación propia.
- La búsqueda de una visión inherente para servir a los demás.

Los resultados naturales del liderazgo de servicio son los siguientes:

El Espíritu de Liderazgo

- Autenticidad, autoridad y autorización.
- Originalidad, por no ser una copia de nadie más.
- Confianza genuina, basado en la habilidad natural propia.
- Cumplimiento personal, proveniente de la satisfacción.
- Un sentido de valor intrínseco, basado en el conocimiento de la importancia.
- Sin competencia, debido a la singularidad personal.
- Sin comparación, debido a la distinción personal.
- Sin celos, debido al valor personal.
- Sin temor, debido a la convicción personal.

Nuevamente, el liderazgo de servicio es la forma máxima del verdadero liderazgo y protege al individuo de las trampas que confunden las ansias de poder, inseguridad, "sombras" descalificadas que alardean su liderazgo en muchas de nuestras comunidades. El liderazgo de servicio implica disminuirse usted mismo para aumentar el valor de los demás. Meter Drucker observó que todos los líderes eficaces se habían asegurado de que ellos mismos fueran "el tipo de persona que querían ser, respetar y creer. De esta manera, ellos se fortalecían contra la tentación más grande del líder—hacer cosas que son populares en vez de lo correcto, y, hacer cosas insignificantes, malas y laxas".[20]

Principios del liderazgo

Un estudio cuidadoso de las lecciones enseñadas por Jesús, en el discurso anterior, revelará los siguientes principios del liderazgo:

El liderazgo del espíritu

- El liderazgo es predeterminado y no una preferencia.
- El liderazgo es una posición preparada.
- El liderazgo exige un precio.
- El liderazgo es inherente.
- El liderazgo es un depósito divino.
- El liderazgo no es para usted sino para los demás.
- El liderazgo convierte su verdadero yo en beneficio para los demás.

Estos principios son la base del verdadero liderazgo y sirven como medida para la eficacia del liderazgo.

La actitud del liderazgo del espíritu

Entender nuestro liderazgo natural es esencial porque, la manera en que pensamos de nosotros mismos, determina nuestras actitudes y acciones. Cuando usted descubre que el Creador lo hizo de la misma naturaleza que Él tiene, entonces entiende que su deseo de liderar es natural. Sin embargo, como lo veremos más detalladamente en el próximo capítulo, *el liderazgo del espíritu*, nuestra inherente capacidad natural, viene con un *espíritu de liderazgo*—una actitud.

El liderazgo convierte su verdadero yo en beneficio para los demás.

Por ejemplo, cuando Dios le dijo a Adán que nombrara a los animales, no se sentó y trato de argumentar sobre esto diciendo: "Hay muchos animales. ¿Cómo puedo nombrar a todas estas especies?" Nunca vaciló. Solamente lo hizo. Tenía la confianza, convicción y autoridad del espíritu de liderazgo.

El Espíritu de Liderazgo

Es importante notar que Dios no le dio a Adán una lista con los nombres de los animales para que los escogiera. En cambio, le permitió a Adán inspirarse en la capacidad que tenía dentro de él, para demostrarle que su habilidad para hacerlo, ya existía.

La capacidad de responder a la responsabilidad es inherente en la naturaleza de todos los humanos, pero la mayoría de nosotros evadimos las oportunidades para activar o maximizarlas. Creo que el Creador ha diseñado la vida de manera que constantemente demande de nuestro escondido potencial de liderazgo. De nuevo, el principio es este: "Para lo que Dios te llame, Él lo provee.

El liderazgo del espíritu viene con un espíritu de liderazgo.

La naturaleza del liderazgo del espíritu

Administrador de nuestro propio entorno

Cuando hablamos de la naturaleza de alguien o algo, eso tiene que ver con lo que es natural para la persona o cosa. Expresa el concepto de "esencia inherente". Toda cosa creada posee una naturaleza interna. Es una parte natural de su existencia. La naturaleza de una cosa está determinada por su propósito o función, y ésto dicta su intrínseco instinto, dones y habilidades. ¿Recuerda nuestro ejemplo anterior que la naturaleza de un pájaro es natural para su inherente propósito de volar, y, que su diseño, anatomía y habilidades están construidos para reflejar esa naturaleza? De la misma manera, la naturaleza de un pez, expresa su inherente propósito.

El liderazgo del espíritu

La naturaleza del liderazgo del espíritu es el inherente deseo de todo humano para controlar y regular el entorno y las circunstancias. A esto le llamamos administración. Este deseo es natural; aunque no sea nuestra experiencia actual, el deseo todavía está presente. ¿Alguna vez ha escuchado que una ocupada ama de casa le diga a otra: "cómo lo haces"? Esta es una frase que muchos utilizamos, pero no nos damos cuenta de lo que estamos diciendo. Cuando un ama de casa le hace esta pregunta a su vecina, realmente está investigando: "¿Cómo estás manejando tus circunstancias?" Esta es una pregunta normal de un líder a otro. Así es que, usted tiene un ama de casa, que ni siquiera sabe que es una líder, naturalmente queriendo manejar a sus hijos, presupuesto, ambiente de la casa, etc. Ese deseo viene del liderazgo natural dentro de ella.

Aunque las personas ignoren su naturaleza inherente o se les niegue el total ejercicio de ésta, el deseo de controlar y manejar el destino propio, todavía reside en lo profundo del corazón del espíritu humano. Ese es nuestro deseo natural de liderar.

Práctica de la influencia

El influenciar es también naturaleza del liderazgo. Todas las personas naturalmente quieren influenciar el mundo alrededor de ellos. Si pensamos en esto nos damos cuenta que—todos están en el juego de la influencia—ya sea un vendedor tratando de influenciar un cliente prospecto, un niño tratando de influenciar a un padre o un joven tratando de influenciar a una joven. Todos deseamos influenciar porque naturalmente queremos tener el control. Pero hemos confundido la influencia con la dominación. De acuerdo al diseño original, no estamos supuestos a dominar a otras personas sino a dominar sobre la tierra y sus recursos. Cuando no entendemos esta distinción, manipulamos y abusamos a los demás y frustramos la expresión propia del liderazgo natural dado por Dios. Practicar la influencia apropiada, significa inspirar a otros a través del don del liderazgo que se nos ha dado. La naturaleza verdadera del liderazgo es la atracción de otros hacia nuestros dones, que son desplegados en el servicio a ellos.

Cómodo con el poder

Otro aspecto del liderazgo del espíritu es que, se siente cómodo con el poder. El poder, en sí mismo, es natural para el espíritu del humano. Una vez más, los problemas surgen cuando distorsionamos nuestros dones naturales. Por ejemplo, cuando una persona no tiene un buen concepto propio, fuerte dignidad y alta estima, usará su poder de manera negativa para compensar sus sentimientos de inferioridad y vulnerabilidad. Intimidará, manipulará y oprimirá.

> Todos deseamos influenciar; sin embargo hemos confundido la influencia con la dominación.

Cuando usted reconoce esta verdad, le ayuda a entender el por qué muchas personas actúan de la manera que lo hacen. Esta es la razón por la cual los tiranos imponen tiranía. ¿Alguna vez ha notado que cuando algunas personas tienen posiciones de poder, pareciera que sus personalidades cambian a lo peor? Ellos están probando la naturaleza del liderazgo, pero no tienen el carácter para administrarlo bien. Este es el origen de muchos de los problemas que estamos viendo en el mundo de los negocios contemporáneos, como también en las políticas naturales.

El liderazgo del espíritu

Todos, de manera natural buscamos el poder. Los desamparados que duermen debajo de un puente en una caja de cartón desean el poder al igual que el hombre que duerme en una casa de doce habitaciones cerca de un lago. Usamos miles de maneras diferentes para tratar de obtener poder, como:

- Posiciones de influencia.
- Dinero.
- Asociación y membresías en grupos influenciables o élite.
- Símbolos materiales de clase social, tales como ropa, casas, carros y aviones.
- Nivel social, como vivir en cierto vecindario o región.
- Logros educativos.
- Tipos de trabajos o carreras.

De nuevo, el deseo por el poder, en sí mismo, no es malo. Es nuestra actitud y uso del poder lo que puede hacer daño. Si no deseamos algún tipo de poder, nuestra inclinación natural ha sido alterada por la opresión, apatía, miedo u otras cosas. Pienso que necesitamos admitir nuestro deseo de poder, antes de que nos hagamos amigos de él. Si negamos nuestra inclinación, nos mentimos a nosotros mismos como también a los demás.

Mucha gente desea ser exitosa en su trabajo para poder obtener el beneficio que sus compañías les han prometido, generar más negocios, ganar más dinero, comprar más cosas, alcanzar un nivel de vida mejor, sentirse importantes e influyentes, hacer o comprar lo que quieran. El principal objetivo es el poder—el poder controla su nivel de vida y circunstancias.

El Espíritu de Liderazgo

Ganar riquezas, en sí, no es algo malo, aunque a mucha gente se le ha enseñado pensar que si lo es. El problema es cómo algunas personas hacen para ganarlo y la actitud que ellas tienen debido a ello. De acuerdo al primer libro escrito por Moisés, Dios le dijo a Abraham, el padre del pueblo judío: "Te bendeciré y serás bendición". Abraham se convirtió en el hombre más rico de la región. ¿Por qué Dios quería hacerlo rico? Para darle influencia. Abraham se sentía muy cómodo con el poder que tenía. No era orgulloso sino que estaba agradecido por ello y por la responsabilidad que ello conllevaba. Él tenía influencia con otros y acreditó esta influencia a Dios.

Sin embargo, ¿por qué Dios quiere que una persona sea rica? Para darle influencia. Moisés, en su libro de Deuteronomio, declara estas palabras al pueblo de Israel: "Recuerda al Señor tu Dios, quien te da la habilidad de producir riqueza". Es importante notar que las exhortaciones bíblicas concernientes al dinero y la riqueza (i.e.: "El amor al dinero es la raíz de todos los males"), no advierten contra la posesión del dinero o riqueza, sino en contra de permitir que el dinero y la riqueza nos posean. **Amar el dinero al costo de la dignidad, valor y bienestar de otros es un abuso de nuestro poder para obtener riqueza.**

El deseo por el poder, en sí no es malo.

El deseo para poder controlar las circunstancias es uno de los factores motivacionales más potentes de la conducta humana. De nuevo, cuando Jesús, el joven rabino judío, empezó a entrenar a Su equipo de líderes, una de las primeras cosas que hizo fue darles poder—poder para echar fuera demonios, sanar a los enfermos, resucitar a los muertos, etc. Los envió, ellos fueron y empezaron a usar su poder. Cuando

El liderazgo del espíritu

ellos regresaron, le dijeron todo lo que habían hecho y empezaron a celebrar. El relato bíblico dice: "En ese hora Jesús se regocijó".

¿Por qué Jesús le da tanto poder a un grupo de hombres que incluía pescadores, un colector de impuestos y un celote? Él les dio poder para que pudieran probar lo que se sentía poner en uso su inherente liderazgo natural de manera positiva y volvieron contentos por ello. Luego, Él se alegró por la emoción de ellos, porque vio a la humanidad ejerciendo poder en la manera que el Creador se los prometió al inicio. El humano estaba en control de sus circunstancias. Imagínese a un pescador teniendo poder sobre la muerte, sanando leprosos, abriendo los ojos de los ciegos y destapando los oídos sordos.

Creo que esta experiencia inicial es una de las razones del por qué los discípulos dejaron sus labores y trabajos, y, nunca lo volvieron a ello. Ellos siguieron a Jesús porque, cuando estaban con Él, probaron su propia personalidad. Él les presentó a ellos mismos. Él les reconectó con quienes realmente eran. Él descubrió su inherente liderazgo natural y potencial. Si usted estudia las lecciones que Él enseñó, todas se relacionan a este tema. Él caminó sobre las aguas y dijo: "Puedes hacerlo; ven". Sanó al enfermo y luego dijo: "Vayan, háganlo". Les estaba enseñando cómo tener dominio sobre su entorno, cómo tener poder sobre las circunstancias por medio del poder de Dios.

Anteriormente, mencioné la solicitud de la madre de Santiago y Juan para que tuvieran posiciones de liderazgo en el reino de Jesús: "¿Pueden mis hijos sentarse el uno a tu derecha, y el otro a tu izquierda, en tu reino?". De nuevo, es importante notar que Él no rechazó o negó la petición para ser poderosos. Por el contrario, Él les enseñó cómo alcanzar la grandeza.

El Espíritu de Liderazgo

Pienso que algunas veces no entendemos este punto. En esencia, Él dijo: "Los gobernantes de las naciones se enseñorean sobre ellas, más entre vosotros no será así. Aquel que quiera hacerse grande entre vosotros será vuestro siervo". Él no dijo: "No trates de ser grande porque eso es orgullo". No les dijo que su deseo fuera malo. Por el contrario, les dijo cómo lograrlo, lo que significaba convertirse en un gran líder.

Deberíamos recordar que Santiago y Juan fueron los dos favoritos de Jesús. Creo que ésto fue debido al correcto interés, búsqueda y actitud. Ellos no querían ser personas promedio. Ellos no querían ser seguidores.

Cuando alguien viene a nosotros y dice que quiere hacer algo grande y notable, normalmente pensamos que es excesivamente ambicioso y orgulloso. En realidad, está ejerciendo su naturaleza real. ¿Pero qué hacemos? Lo intimidamos para tratar de desanimarlo. Inclusive, algunas veces, usamos la religión como una justificación para decirles a los demás que no busquen la grandeza. Pero aquí, Jesús les está diciendo a Sus discípulos: "¿Quieres ser grande? Entonces así es como lo debes hacer: Sirve a los demás".

Querer dinero a costa de otros para obtener riqueza, es un abuso de nuestro poder.

Asimismo Pablo, el escritor de la Iglesia Primitiva, escribió en su primera epístola a su colega Timoteo: "Si alguno anhela obispado, buena obra desea". Pablo estaba diciendo: "Mira, si quieres ser una gran persona, si quieres ser un líder, no es malo". Hemos sido enseñados que este deseo es malo, pero Pablo simplemente prosiguió a explicar lo que se requería para el liderazgo. Por favor nótese que el apóstol enfatizó que,

El liderazgo del espíritu

el *deseo* de ser líder (poniendo su corazón en ello) es "noble". Quiero que realmente comprenda que el deseo humano por la grandeza es natural e inherente.

Encontrando su "mansión"—su posición de autoridad

De muchas maneras, Jesucristo les presentó a Sus discípulos el fenómeno del poder que un ser humano puede tener. En el relato del evangelio escrito por uno de discípulos del joven rabino, el discípulo llamado Juan, se registra que cuando Jesús empezó a explicar la necesidad de Su partida de la tierra y Su regreso al cielo, Sus discípulos-estudiantes estaban nerviosos y deprimidos. Para aliviar su temor, les ofreció un consuelo: "No se turbe vuestro corazón; creéis en Dios, creed también en Mí. En la casa de mi Padre muchas moradas hay; si así no fuera, yo os lo hubiera dicho; voy, pues, a preparar lugar para vosotros". Esta declaración es crucial para nuestro entendimiento de la naturaleza humana y para nuestro reconocimiento de que Dios conoce nuestra inherente necesidad por el liderazgo.

Una lectura e interpretación casual de este pasaje a través del filtro de la cultura occidental, usualmente lleva a la conclusión de que Jesús estaba prometiendo una casa física en particular, una estructura que se asemeja a la gran vivienda que llamamos mansión. Sin embargo, es importante entender que no hay referencia en la Biblia para una estructura física en el cielo, en donde viviremos. Por lo tanto, la palabra en el lenguaje original debe tener un significado diferente.

Un estudio cuidadoso de la palabra griega *mone*, traducida como "mansión" o "morada", indica una posición o lugar para residir o permanecer:

El Espíritu de Liderazgo

mone (3438), primeramente "una estadía, permanencia" (parecido a *meno*, "permanecer"), denota un "domicilio" (Español, "finca", "rectoría", etc.), traducido como "mansiones" en Juan 14:2; "morada" en el versículo 23. No hay nada en la palabra que indique compartimientos separados en el cielo; ni sugiere lugares temporales de descanso en la carretera.[21]

Creo que Jesús se estaba refiriendo a la restauración permanente de nuestra condición espiritual o posición con Dios lo cual también, reestableció nuestro lugar de autoridad y poder sobre la tierra, la cual fue dada por el Creador.

El concepto de un lugar de autoridad, también fue usado por Jesús cuando los dos discípulos le preguntaron sobre las posiciones de grandeza y liderazgo en Su reino, y les dijo: "sentarse a mi derecha y a mi izquierda, no es mío darlo. Estos lugares [posiciones de autoridad o lugares de autoridad] pertenecen a aquellos para quienes esta preparado por mi Padre". La palabra griega para "sentar" es *kathizo*, lo cual significa "sentarse, i.e.: colocar (en sentido figurado "nombrar")".[22]

"No se turbe vuestro corazón…En la casa de mi Padre muchas moradas hay".

Un concepto similar ocurre en el libro bíblico de Judas, en donde el autor habla sobre las posiciones de autoridad dadas por Dios a los ángeles quienes subsecuentemente las dejaron. Las variadas traducciones siguientes, indican que dejaron un lugar de autoridad y usan la imaginería similar a "mansiones", incluyendo "hogar", "domicilio" y "habitación".

Y a los ángeles que no mantuvieron su **posición de autoridad**, sino que abandonaron su **propia morada**, los

El liderazgo del espíritu

tiene perpetuamente encarcelados en oscuridad para el juicio del gran Día. (NVI, el énfasis fue añadido)

Y a los ángeles que no conservaron su **señorío** original, sino que abandonaron su **morada legítima**, los ha guardado en prisiones eternas, bajo tinieblas para el juicio del gran día. (LBLA, el énfasis fue añadido)

Y a los ángeles que no guardaron su **dignidad**, sino que abandonaron su **propia morada**, los ha guardado bajo oscuridad, en prisiones eternas, para el juicio del gran día. (el énfasis fue añadido)

Después que Jesús dijo: "En la casa de mi Padre muchas moradas hay", continúo diciendo: "si así no fuera, yo os lo hubiera dicho". En otras palabras, existe una posición de liderazgo y poder para todos. Es interesante e importante notar que la comodidad que Jesús ofreció a Sus angustiados y deprimidos discípulos, era que a cada uno de ellos podían ser restaurados en una relación con Dios el Padre, la cual incluía una posición de liderazgo y autoridad. Él les dijo que Su partida era necesaria para asegurarles estas posiciones.

Tal vez esta seguridad fue dada para confirmar que el propósito y la meta máximos de la obra de redención, es la posición de gobierno y domino sobre la tierra—su liderazgo y autoridad. Talvez esto también fue el por qué de la promesa final de Jesús para Sus discípulos justo antes de Su ascensión: "Recibirán poder"—una capacitación para impactar, cambiar y controlar las circunstancias. Él prometió proveer lo que sabía que queríamos y necesitamos, como también lo que era natural para la culminación de la creación de Dios.

Los atributos del liderazgo del espíritu

Cuando hablamos sobre los atributos de liderazgo, nos referimos a la manifestación de cualidades que reflejan el origen y la naturaleza de nuestro Creador. De acuerdo a la Real Academia Española, la palabra *atributo* viene de una palabra latina que significa "otorgar". El Creador nos ha otorgado los atributos de un liderazgo del espíritu. Otras definiciones de *atributo* son: "una característica inherente", "un objeto muy cercano asociado con o perteneciente a una persona específica, cosa u oficio", y, "una palabra que atribuye una cualidad".

Existe una posición de liderazgo, de poder para todos.

Una vez más, debido a que Dios es nuestro Creador y el "material" de donde fuimos creados, entonces, para poder entender nuestros atributos de liderazgo, es naturalmente de suma importancia que exploremos, estudiemos y lleguemos a entender la naturaleza de Sus atributos. En esencia, si usted quiere conocerse y entenderse a sí mismo, su naturaleza y habilidades, es necesario que conozca a Dios, quien es su Fuente.

Omnipotencia

El primer atributo de Dios es que Él es omnipotente o todopoderoso. ¿Cómo aplicamos este atributo a nosotros mismos? Omnipotencia significa "inherente poder total". Esto también puede ser descrito como un sentido de habilidad segura en la búsqueda y cumplimiento del propósito y voluntad personal. Debido a que fuimos hechos a la imagen y semejanza del Creador, y en parte, poseemos la misma habilidad, eso significa que inherentemente tenemos el poder que nos permite cumplir con lo que fuimos creados para hacer.

Además, el poder puede ser definido como el uso apropiado de energía. La aplicación para nosotros es esta: Dios

El liderazgo del espíritu

no usa energía de manera negativa. Su poder es creativo. Un verdadero líder que ha descubierto su naturaleza esencial, utiliza el poder para crear cosas, hacer mejores cosas para las personas, de la misma manera que Dios lo hace. El Creador usa Su poder para producir lo que es bueno, y, nosotros fuimos creados para hacer lo mismo.

Omnisciencia

El Creador también es omnisciente o conocedor de todo. Debido a que tenemos Su naturaleza, tenemos la facilidad de entender y retener conocimiento. Creo que somos capaces de aprender tanto como queramos. En este sentido, nuestra habilidad de aprender es infinita. Es más, nunca seremos lo suficientemente viejos para aprender. Tenemos la capacidad de conocer más de lo que creemos.

Esto significa que, lo que usted haya aprendido hasta hoy, no es suficiente. Nuestra habilidad de saber y conocer es inherente y la limitación percibida de esta habilidad esta basada en nuestra conclusión de que hemos aprendido todo lo que podemos o queremos conocer. Pero, esto no es todo de lo que somos capaces de conocer. Tenemos un gran camino que recorrer para igualar nuestro potencial para recibir conocimiento.

Pablo de Tarso dijo que el día vendrá cuando nos reunamos cara a cara con nuestro Creador, y entonces "conoceremos cómo fuimos conocidos". Podemos iniciar ese proceso ahora. Por ejemplo, no puedo corporalmente ir a lo celestial para comunicarme con Dios y aprender de Dios, tengo la capacidad de hacerlo en mi espíritu. Necesitamos ser más conscientes de nuestra habilidad para conocer a nuestro Creador y el mundo que Él ha creado.

El Espíritu de Liderazgo

Omnipresencia

El tercer atributo de Dios es que, Él es omnipresente. Esto significa que está en todo lugar y que no hay lugar en el cielo, universo o en la tierra que le atemorice o intimide. Aquí es cómo aplico este atributo a nuestro liderazgo del espíritu. Cuando usted lee sobre la vida de Jesús, siente que Él podía estar en todo lugar y sentirse cómodo. Él estaba igualmente tranquilo en la presencia de altos oficiales, con el pobre, Su familia, Sus discípulos y cualquier otro que encontrara. Un verdadero líder tiene la capacidad para adaptarse y funcionar eficazmente entre cualquier grupo de personas.

Si quiere conocer y entenderse a sí mismo, debe conocer a Dios.

Además, como lo dije anteriormente, usted puede poner a un líder nato en cualquier lugar sobre la tierra y en cuestión de momentos, él estará en control de su entorno. Su ambiente no lo controla a él; él controla a su ambiente. De nuevo, debido a que somos hechos a la imagen de nuestro Creador, tenemos la habilidad de dominar nuestros entornos. Podemos controlar y gobernarlos, en vez de convertirnos en víctimas de ellos. Pero primero, tenemos que descubrir que tenemos esta habilidad debido la Fuente de donde provenimos.

Integridad

El cuarto atributo de Dios es Su absoluta integridad. Esto significa que siempre es puro en Sus motivos e intenciones. En esencia, Dios es siempre y completamente íntegro consigo mismo. Su intención, palabras y acciones son una sola. Este también es el concepto de ser santo. Quiere decir que lo que

El liderazgo del espíritu

dice, lo que hace y quien es, son uno y lo mismo. En Dios, no hay contradicciones. Los verdaderos líderes son honestos. No hay manipulación o decepción en sus tratos con los demás o en la búsqueda de sus visiones. Los verdaderos líderes poseen candor y sentido común. Primero son sinceros con ellos mismos y luego con los demás.

Reconectando con el liderazgo del espíritu

El espíritu de liderazgo es un espíritu que se siente cómodo en compañía del Creador

Cuando entendemos que el hombre fue creado a la imagen, semejanza y naturaleza de Dios y poseemos Su esencia y características, entonces debería ser obvio que, para que el hombre se entienda a sí mismo y a su verdadero potencial, habilidades y naturaleza, debe reconectarse a su Fuente, el Creador. **El liderazgo del espíritu es la esencia del espíritu humano, que puede comprender su identidad sólo por medio de la relación con su Fuente.** Esta relación debería ser natural y de mutua realización. Dios y el hombre se pertenecen, y, por lo tanto, la presencia de Dios es el ambiente natural e ideal para el hombre.

Podemos gobernar nuestros entornos, en vez de ser víctimas de ellos.

Los verdaderos líderes nacen en la presencia de su Creador porque es ahí donde descubren la verdad sobre ellos mismos. Al igual que la vida escondida dentro de una semilla, germina cuando es colocada en el ambiente correcto de la tierra, así es el verdadero potencial de la humanidad que germina cuando

El Espíritu de Liderazgo

está en la presencia de Dios. Para descubrir la verdad acerca de su habilidad y destino, usted redescubrir el valor de una relación con su Fuente.

El primer hombre, Adán, fue creado en la presencia de Dios y disfrutó de la relación espiritual con su Creador como una experiencia natural, no como una experiencia "religiosa". Adán no tenía que intentar entrar en la presencia de Dios. No necesitaba llevar a cabo costumbres o rituales religiosos sofisticados. En el primer libro escrito por Moisés, se registra que Adán "caminó y platicó con Dios en el fresco de la mañana".

Los verdaderos líderes son honestos; no hay manipulación o engaño en ellos.

Adán se sentía cómodo en compañía de Dios porque era como Él. De hecho, la naturaleza del liderazgo del espíritu es sentirse cómodo en la presencia del poder, la autoridad y la fuerza sin sentirse intimidado. Cuando el liderazgo del espíritu es totalmente restaurado, usted reverencia y respeta a Dios y a Su autoridad, y, nunca se siente atemorizado en Su presencia; usted se regocija con Su compañía. **Los verdaderos líderes respetan y honoran la autoridad y están cómodos en Su presencia.**

El espíritu de liderazgo es una confianza que no es de este mundo

La restauración del liderazgo del espíritu también trae un nivel de confianza que no es común y que, a los ojos de muchos, pareciera venir de otro mundo. Su pensamiento y percepción provienen de un plano superior. Cuando Jesús estaba siendo juzgado por el procurador romano Pilato, el gobernador le preguntó: "¿Eres tú el rey?" Él respondió: "Mi reino no es de

El liderazgo del espíritu

este mundo". Es decir, "mi gobierno es de otro lugar". Cuando una persona redescubre el liderazgo del espíritu, su confianza emerge de un conocimiento de quién y qué es él, y de la conciencia de sus capacidades y habilidades verdaderas. Esta confianza natural, basada en una convicción del descubrimiento y conciencia propia, es tan cierta que algunas veces la persona insegura se equivoca al catalogarla como arrogancia.

El espíritu de liderazgo demuestra firmeza y seguridad interna

Cuando redescubre el liderazgo del espíritu, usted ama y se siente cómodo con usted mismo porque toma conciencia de que su valor, auto-estima y concepto son el resultado del hecho de que usted fue creado a la imagen de Dios y posee Sus cualidades y características. De pronto, usted no está tratando de compensar un sentido de insuficiencia o inferioridad, y, no está tratando de usar o abusar a las personas para sentirse superior.

El auto-estima derivado del descubrimiento propio, le hace libre de las valoraciones de los demás. Cuando la opinión de su valor y mérito personal es encontrado en la realización de que usted está en la "clase de dios", en el sentido de que usted ha sido creado a la imagen y semejanza de Dios (aunque no *igual* a Él), entonces el resultado es un alta auto-estima. Esta alta autoestima le libera de los efectos negativos de las opiniones de otras personas. Esa es la razón por la que usted puede auxiliarles como un líder siervo. Aunque ellos lo maltraten, eso no afecta el aprecio que usted les tiene a ellos. Es por eso que Jesucristo pudo decir en la cruz: "Padre, perdónalos, porque no saben lo que hacen". Él sabía cuán valioso era Él para ellos—tanto en quién Él era y lo que estaba haciendo por ellos. Su auto-estima se mantuvo intacta, recta hasta el final.

El Espíritu de Liderazgo

Debido a que un verdadero liderazgo del espíritu es revestido de un firme sentido de valor y auto-estima, los líderes pueden ser compasivos, pacientes, perdonadores y bondadosos. No necesitan ganar su auto-valoración de la gente a quienes ellos les sirven. Ellos entienden que usted no puede liberar a las personas hasta que usted mismo no se libere de ellos. Si necesita a las personas a las que guía para sentirse importante, entonces usted no puede liderarlos. Al final, ellos terminarán liderándolo a usted.

Es por esto que descubrir el liderazgo del espíritu es un prerrequisito para servir. Si nunca descubre quién es usted, siempre interpretará mal las actitudes y las acciones de los demás. También subestimará a todos los demás—usted los considerará menos de lo que realmente son porque querrá sentir que usted está por sobre ellos. Usted los "desestimará". Sin embargo, usted tratará bien a las personas y las estimará grandemente cuando descubra el liderazgo del espíritu y se sienta seguro de sí mismo.

El auto-estima derivado del descubrimiento propio, le hace libre de las valoraciones de los demás.

El liderazgo del espíritu posee un amor natural por todos los seres humanos

El auto-descubrimiento es el centro del liderazgo del espíritu. Es nacido del re-descubrimiento de su naturaleza, potencial, capacidad, carácter y habilidades verdaderas al re-descubrir su Fuente—Dios. **Esto naturalmente le conducirá a la revelación de que todos los humanos son creados a la imagen y semejanza de Dios, y, por lo tanto, poseen el mismo valor, mérito y estimación que usted.**

El liderazgo del espíritu

Si cada individuo lleva la misma imagen de Dios que usted, entonces resulta imposible separar Su imagen del hombre. En esencia, no es posible decir que usted ama a Dios pero odia a la humanidad, porque esto se convierte en una contradicción. Usted tendrá un amor natural para los demás porque percibirá que, usted y ellos son esencialmente lo mismo. Debido a que ellos están hechos a la imagen y semejanza de Dios, al igual que usted, entonces cualquier acercamiento negativo o acto en contra de ellos, es un acto en contra de usted mismo y también del Creador. Un verdadero líder que está reconectado con el liderazgo del espíritu entiende que servir al humano es servir a Dios mismo, y, de esa manera sirve a sus compañeros con una motivación de amor y respeto.

No es posible amar a Dios y odiar a la humanidad.

Vemos este principio en las siguientes expresiones dichas por Jesús:

> Quien no tiene amor no conoce a Dios, porque Dios es amor.

> Si alguno dice: "Yo amo a Dios" y aborrece a su hermano, es mentiroso. Pues el que no ama a su hermano a quien ha visto, ¿cómo puede amar a Dios a quien no ha visto? Y nosotros tenemos este mandamiento de él: El que ama a Dios, ame también a su hermano.

> Jesús respondió: "Amarás al Señor tu Dios con todo tu corazón, y con toda tu alma, y con toda tu mente. Este es el primero y grande mandamiento. Y el segundo es semejante: Amarás a tu prójimo como a ti mismo. De estos dos mandamientos depende toda la ley y los profetas".

El Espíritu de Liderazgo

Los textos anteriores indican claramente que el amor por el humano es una prioridad y es evidencia de que usted ama a Dios, el Creador de la humanidad. Quizás éste sea el ingrediente más importante que falta en el liderazgo de hoy. El enfoque está en los resultados y el desempeño más que en los valores, tales como el amor, el cariño, la compasión y la bondad. Necesitamos líderes que amen a sus seguidores más de lo que ellos aman sus metas y objetivos. Debemos entender y capturar este espíritu de liderazgo para manifestar completamente, el potencial de liderazgo escondido dentro de cada uno de nosotros.

El liderazgo del espíritu

Principios del capítulo

1. Para ejercer el liderazgo, debe creer que usted es inherentemente un líder.
2. El *liderazgo del espíritu* es la capacidad y el potencial inherente del liderazgo que es la naturaleza esencial de los seres humanos. El *espíritu de liderazgo* es la determinación mental o las actitudes que acompañan al verdadero liderazgo del espíritu y que permite al adormecido potencial de liderazgo que sea totalmente manifestado y maximizado.
3. Dentro de cada seguidor hay un líder escondido.
4. Nuestra capacidad de liderazgo está escondida bajo las percepciones sociales, culturales e ideológicas que restringen, desaniman y ocultan esta manifestación.
5. La capacidad inherente del espíritu humano para dirigir, manejar y dominar, el cual fue puesto en el momento de la creación y se hizo necesario para el propósito y misión para lo cual el hombre fue creado.
6. El liderazgo no es algo por lo que los seres humanos deben *esforzarse;* es algo que está inherente dentro de nosotros para nuestro propósito y designio.
7. Cuando nos realicemos, naturalmente seremos líderes.
8. Si algo es creado para hacer algo, está diseñado con la habilidad de hacerlo.
9. La humanidad fue diseñada con los componentes naturales o "circuitos" para dominar su entorno.
10. El requisito de Dios para que dominemos, es la evidencia de que la habilidad para liderar, está inherente en cada espíritu humano.
11. El secreto de la grandeza está en servir a los demás. Para convertirse en un gran líder, para lo cual usted fue creado y destinado, debe descubrir su inherente don y misión, únicos (su propósito original) y servir con eso al mundo humano.

El Espíritu de Liderazgo

12. Los principios del liderazgo son: (1) El liderazgo es predeterminado y no una preferencia; (2) el liderazgo es una posición preparada; (3) el liderazgo exige un precio; (4) el liderazgo es inherente; (5) el liderazgo es un depósito divino; (6) el liderazgo no es para usted sino para los demás; (7) El liderazgo convierte su verdadero yo en beneficio para los demás.

13. La naturaleza del liderazgo del espíritu incluye lo siguiente: (1) control de nuestro entorno; (2) ejercer influencia; (3) comodidad con el poder.

14. Cuando Jesús dijo: "En la casa de mi Padre, muchas moradas hay", se estaba refiriendo a la restauración permanente de nuestra condición espiritual o posición con Dios lo cual también, reestableció nuestro lugar de autoridad y poder sobre la tierra.

15. Los cuatro atributos esenciales del Creador—como también del liderazgo del espíritu—son: (1) omnipotencia, (2) omnisciencia, (3) omnipresencia, e (4) integridad.

16. El liderazgo del espíritu es la esencia del espíritu humano, que puede comprender su identidad sólo por medio de la relación con su Fuente.

17. Las señales de reconexión con el liderazgo del espíritu son: (1) Sentirse cómodo en compaña del Creador, (2) una confianza que no es de este mundo, (3) firmeza y seguridad interna, y (4) amor natural para los seres humanos.

Capítulo cuatro
El espíritu de liderazgo

El verdadero liderazgo no es un método, una técnica o una ciencia, sino una actitud.

Ahora entendemos que el liderazgo del espíritu se refiere al espíritu inherente de la humanidad que posee las cualidades y características naturales del Creador. Todo ser humano posee este espíritu, pero muy pocos descubren esta verdad, y, todavía muy pocos son concientes de que puede ser manifestado.

Tener el *liderazgo del espíritu*, quiere decir que usted fue naturalmente creado para liderar. Sin embargo, el *espíritu de liderazgo* es esencialmente diferente, en lo que se refiere a las actitudes, mentalidad, y determinación mental, necesarios para que el liderazgo del espíritu sea manifestado. Sin el espíritu de liderazgo, el liderazgo del espíritu se mantendrá dormido.

Tener el espíritu de liderazgo significa que usted conoce y demuestra la determinación de la mente de un líder. Aunque usted sea naturalmente un líder, hay algunas cosas que necesita descubrir y desarrollar para operar como líder. **Usted debe escoger el cumplir con su naturaleza de liderazgo.** Tener el liderazgo del espíritu sin el espíritu de liderazgo es como tener un vehículo potente sin el conocimiento o habilidad para conducirlo. Es como una semilla que nunca se convierte en árbol, para lo cual fue destinado a ser.

Permítame enfatizar nuevamente, que nadie puede "enseñarle" a ser un líder. Por ejemplo, usted no puede entrenar a una naranja para que sea naranja. Naturalmente es una naranja. Asimismo, es instintivo para un pez el nadar. Usted no puede enseñarle a mover sus aletas o cola; hace esas cosas naturalmente.

Usted debe escoger el manifestar su liderazgo natural.

En algún momento, una mamá pájaro sacará del nido a su cría, como diciendo: "Necesitas hacer lo que naturalmente debes hacer", y, ellos empezarán a volar o a arriesgarse a caer fuera del nido. Lo mismo es cierto en el sentido de que usted es naturalmente un líder. Usted puede "volar" cuando descubra para qué nació. **Manifestar el espíritu de liderazgo es una manera de descubrir y nutrir su verdadera personalidad para que naturalmente manifieste su naturaleza de liderazgo.**

Algunas veces pensamos: "Si alguien me dice que soy líder, entonces, bien, soy un líder". No, usted no *es* un líder. El primer asunto es que, usted descubrirá esta verdad por sí mismo. El segundo asunto es que, usted manifestará lo que realmente es. El propósito de este libro, es darle dos cosas: la información para descubrir su naturaleza de liderazgo y la revelación de lo que significa desarrollar y vivir su potencial de liderazgo. Deseo ayudarle a capturar el espíritu de liderazgo para encender el liderazgo del espíritu que sé, tiene dentro de usted.

El espíritu de liderazgo

El león que vivía en la finca, siempre fue un león, pero debido a que creció en un ambiente que no era natural para él, pensó que era una oveja. Nuestro entorno (por ejemplo: nuestra educación, entrenamiento social, culturas, países o familias), han estado definiéndonos y dándonos los parámetros de lo que podemos o no podemos ser. La única manera para encontrar esta información no natural, es descubrir nuestra verdadera personalidad, viendo una imagen de nuestro liderazgo natural para que podamos saber quiénes somos realmente. Una vez que el joven león vio al león viejo, conoció lo que estaba supuesto a ser. Mi meta en este libro, es darle una imagen de su verdadera personalidad para que pueda iniciar el camino para cumplirlo.

Definiendo el espíritu de liderazgo

No hay nada en el mundo más poderoso que un pensamiento o idea. Somos lo que pensamos y nos convertimos en lo que continuamos pensando. **Usted no puede elevarse sobre el nivel de su condición mental. Para cambiar su vida, usted debe cambiar su mente.**

SOMOS LO QUE PENSAMOS Y NOS CONVERTIMOS EN LO QUE CONTINUAMOS PENSANDO.

El espíritu de liderazgo es un derivado del liderazgo del espíritu. Es el estado de la mente o actitud que emana de la naturaleza de un líder. En el siguiente capítulo, discutiremos por qué la mayoría de nosotros no exhibimos este estado mental. Por ahora, miremos al espíritu de liderazgo desde varias definiciones y percepciones que nos ayudarán a comprender este vital concepto. El espíritu de liderazgo—

El Espíritu de Liderazgo

- Es una determinación mental.
- Dicta nuestra motivación.
- Es revelado en respuesta a nuestro entorno.
- Es una percepción de nosotros mismos y del mundo.
- Son las convicciones que regulan los pensamientos acerca de nosotros mismos y del mundo.
- Es una filosofía de la vida personal y privada.
- Es el pensamiento sobre nosotros mismos y del ambiente.
- Es nuestro sistema de creencia, la cual controla la conducta.
- Es el medio de las acciones, que determina la respuesta del entorno. (Es decir, su actitud determina cómo otras personas lo tratan y cómo el mundo le responde).
- Es como usted interpreta al mundo.
- Es su acondicionamiento mental.

El fuente de nuestros pensamientos

Como lo dije anteriormente, no hay nada más poderoso que un pensamiento o idea, y no hay nada más importante que la *fuente* de nuestros pensamientos. Nuestros pensamientos son producto de lo que hemos escuchado o aprendido. De dónde derivamos nuestros pensamientos determinan el tipo de pensamientos que concebimos y en quien, eventualmente, nos convertimos. Si "porque cual es su pensamiento en su corazón, tal es él", entonces el origen de donde el hombre obtiene los pensamientos es más crítico.

Por lo tanto, al acercarnos a este delicado tema del espíritu de liderazgo, que es esencialmente el pensamiento vivo del

El espíritu de liderazgo

individuo, debemos ser muy cuidadosos al considerar el proceso por donde los pensamientos se transfieren a nuestras vidas. El proceso involucra lo siguiente:

1. Un origen transmite sus ideas por medio de palabras o imágenes.
2. Las palabras escuchadas o las imágenes vistas, transmiten pensamientos e ideas a nuestras mentes.
3. Los pensamientos concebidos se convierten en ideas.
4. Las ideas concebidas se convierten en ideologías.
5. Las ideologías concebidas se convierten en creencias.
6. Las creencias concebidas se convierten en convicciones.
7. Las convicciones concebidas se convierten en filosofías.
8. Las filosofías concebidas se convierten en estilos de vida.
9. Los estilos de vida determinan nuestros destinos.

Un estudio cuidadoso del proceso anterior, revela que el componente más importante es la fuente de nuestros pensamientos. Como resultado, nuestra determinación mental, actitudes, creencias y convicciones están, generalmente, determinadas por las ideas de alguien más. Es notable que usted y yo podamos vivir lo que otras personas piensan. Por lo tanto, la clave para vivir eficazmente es, recibir nuestros pensamientos del origen correcto.

Cuando su filosofía, creencias, pensamientos y convicciones están basados en la manera en que fue creado para pensar, naturalmente gobernará sobre su entorno y cumplirá su

El Espíritu de Liderazgo

propósito en la vida. Cuando éstos están basados en pensamientos y actitudes equivocadas, se sentirá frustrado y atrapado por sus circunstancias. Desafortunadamente, este es el caso de muchos de nosotros. Por eso es que con frecuencia digo que hay un líder atrapado en cada seguidor.

De nuevo, el espíritu de liderazgo se refiere a la determinación mental o la actitud del líder. La mayoría de los aproximadamente siete millones de personas en la tierra, nunca descubrirán o manifestarán el liderazgo del espíritu escondido dentro de ellos, porque no poseen correctas actitudes y determinación mental que necesitan para ser liberados y elevarse a su más alto potencial provisto por el Creador. Su pensamiento es importante, ya que controla cómo usted maneja los asuntos. Si usted realmente entiende lo que significa el ser hecho a la imagen y semejanza de nuestro Creador, entonces, tendrá ciertas actitudes para con usted mismo, las cuales le permitirán realizar su potencial de liderazgo.

Su manera de pensar y ser, controla como maneja los asuntos.

Miremos cómo nuestro pensamiento influye en lo que creemos ser, y lo que creemos podemos hacer. Vamos a basarnos en varios de los conceptos que hemos visto en los capítulos anteriores.

La creación y el auto-concepto

La primera cosa a considerar, con referencia la fuente de nuestros pensamientos, es la relación entre la creación y el auto-concepto. Sus actitudes son mayormente, el resultado de su concepto propio—la imagen que tiene de usted mismo. ¿Cuál es su idea sobre quién es y qué es usted? Su respuesta a esta pregunta es crucial porque su auto-percepción influye, ya sea que vaya a realizar o no, su inherente potencial de liderazgo.

El Creador lo diseñó a usted a Su imagen y semejanza; por lo tanto, Él quiere que tenga un auto-concepto que vaya de acuerdo con quien Él es. Esa es la imagen que se pretende tenga de usted mismo. Las familias pasan ciertos genes y rasgos de una generación a otra. De la misma manera, nuestro Padre Dios pasó Su naturaleza a nosotros y esa "semejanza en la familia" lleva la importancia de ser un recordatorio de dónde venimos, a quién pertenecemos y qué estamos destinados a ser.

Recuerde que la *primera* cosa que el Creador le dio a Su creación, no fue el dominio sino Su naturaleza. **Nuestro concepto e imagen propia son la primera realidad que debe ser establecida en nuestras mentes y corazones, antes de que podamos cumplir eficazmente con nuestro propósito y convertirnos en los líderes para lo que fuimos creados.** Si una persona tiene poder pero no posee un perfecto concepto e imagen propia, entonces él o ella, va a relacionar a los demás desde esa perspectiva equivocada. Como vimos en el capítulo anterior, esta inseguridad se manifestará en temor, suspicacia, desconfianza y odio contra nosotros mismos y los demás.

Una imagen propia o concepto pobre, siempre resultará en poco valor de la humanidad, y ésto, dará origen al abuso, la corrupción, la opresión y la necesidad de dominar y controlar a los demás. Una vez más, es por eso que es muy importante notar y entender que la primera cosa que Dios le dio a la humanidad, en el proceso de la creación, no fue el poder, autoridad o domino. La primera cosa colocada en la creación del humano fue una *imagen*—la imagen de Dios.

El Espíritu de Liderazgo

Así es que Dios no le dio primero el poder a los seres humanos. Él les dio imagen propia. Si usted se ama en el sentido real, siempre usará su poder para ayudar a otras personas, en vez de maltratarlos. De la manera en que usted se ve, es la misma manera en que verá a todos los demás que se relacionan con usted. Usted verá a todos los hombres a través de su propia imagen. La base del liderazgo es una perfecta auto-imagen.

La creación y el auto-valor

En mayor grado, sus pensamientos y sentimientos sobre usted mismo están determinados por su auto-valor. Su auto-valor es el valor que usted se da. ¿Cuánto cree que vale usted? De nuevo, para encontrar la respuesta correcta, tiene que volver al inicio. El Creador lo hizo a Su imagen y semejanza y por lo tanto lo que usted vale es un reflejo de Su valor. Además, los líderes valoran a los demás de la misma manera que ellos se valoran.

La mayoría de las personas en el mundo no tiene auto-valor sino que tiene el "valor de los demás". O sea, la aceptación del valor de los demás sobre usted. Nunca será el líder para lo que fue creado, hasta que se libere de la valoración que las otras personas tienen de usted y de la percepción de su valor.

> Dios le dio primero al ser humano una imagen propia, no poder.

Lo opuesto al ego es la filantropía. Mucha gente desperdicia su vida tratando de mitigar, satisfacer y cumplir con los valores que los demás tienen de ellos. Es por eso que nunca son verdaderos líderes.

El espíritu de liderazgo

La esencia del liderazgo es que usted valore a *otras* personas. Es decir, darles algo valioso con que contribuir e involucrarse. **El verdadero liderazgo le da a las personas una causa, una razón para vivir y un sentido de importancia que le da significado a sus vidas para que se sientan necesarios y útiles. Les da una salida para expresar sus propios dones. Usted no puede dar importancia si todavía no la tiene. Usted no puede guiar a la gente donde usted no haya ido antes.**

El impacto de la actitud intrapersonal en la actitud interpersonal

Con frecuencia, lo que usted crea en usted mismo, creerá de las otras personas. En el quinto y último libro de Moisés, encontramos estas palabras: "Amarás a Jehová tu Dios de todo tu corazón, y de toda tu alma, y con todas tus fuerzas." Jesucristo el máximo líder, repitió esta declaración cuando se le preguntó: "¿Cuál es el gran mandato dado a toda la humanidad?" Él respondió que el mandamiento de amar a Dios es el primero y más grande, y el segundo es semejante: "Ama a tu prójimo como a ti mismo".

No puede dar importancia si todavía usted no la tiene.

Hemos pasado por alto el hecho de que esta es una declaración de liderazgo. Si usted considera Sus palabras cuidadosamente, Él no estaba diciéndonos que amemos a nuestro prójimo primero. Él más bien estaba diciendo que debemos amarnos a nosotros mismos porque así podremos amar a nuestro prójimo hasta el grado en que nos amamos a nosotros mismos.

Por lo tanto, una relación intrapersonal es un prerrequisito para las relaciones interpersonales efectivas. La actitud de usted hacia mí, es reflejo de su actitud hacia usted mismo. Esto quiere decir que, si no tomamos actitudes correctas hacia nosotros mismos, entonces vamos a tener actitudes equivocadas cuando interactuemos con los demás. Es de suma importancia que los líderes posean un amor sano y saludable de sí mismos, para así poder dirigir a otros eficazmente.

El mandamiento de "Ama a Jehová tu Dios de todo tu corazón, y de toda tu alma, y con todas tus fuerzas", tiene que ver con el descubrimiento de la naturaleza del Creador. Si usted está buscando a Dios con todo lo que tiene, entonces descubrirá a ambos, a Él y a usted. Como ya lo mencioné anteriormente, cuando esto sucede, usted llega a comprender que todos los demás en la tierra están hechos a la imagen de Dios, igual que usted, y, por lo tanto poseen el mismo valor, mérito y estimación. Cuando amo a los demás, me estoy amando a mi mismo y a Dios porque todos tenemos la misma naturaleza.

Juan, el escritor del primer siglo y discípulo de Jesús, escribió estas palabras alrededor de dos mil años atrás: "Si alguno dice, "yo amo a Dios' y aborrece a su hermano, es mentiroso". Es imposible amar a Dios y, a la misma vez, odiar a aquellos que han sido hechos a Su imagen y semejanza. Cualquier sentimiento negativo hacia otro humano es un indicio de auto-odio. Los líderes primero deben amarse a sí mismos; luego podrán genuinamente cuidar de aquellos a quienes dirigen. Usted no puede amar más allá de lo que se ama a usted mismo.

La creación y el auto-estima

Mientras el auto-valor pregunta: "¿Cuánto valor creo tener?", el auto-estima pregunta: "¿Qué significa ésto para mi entorno?" El auto-estima es la estimación del valor que usted tiene del mundo. Es como usted se aprecia en términos de su contribución y utilidad para los demás. Por lo tanto, el autoestima es su sentido de importancia para con el mundo y el universo.

Mucha gente sufre de muy baja auto-estima. He encontrado que las mujeres son más vulnerables que los hombres porque ellas son más emocionales por diseño. Tienen un don natural y valioso de empatía que pueden explotar en su propia cara si no saben para lo que fueron creadas. Muchas mujeres les permiten a los hombres controlarlas porque están buscando su estima en las relaciones con los varones, en vez de su relación con su Creador. Este es un problema serio para muchas mujeres, lo cual les impide la expresión de su liderazgo natural.

De nuevo, el auto-estima es su conciencia del valor de su entorno. Después que Dios le dio a los seres humanos sus conceptos y valores propios, su siguiente instrucción fue tener dominio sobre la tierra porque quería que ellos entendieran cuán importante eran para todo el ambiente. Él los estimó altamente para hacerlos co-gobernantes sobre la creación.

> La autoestima es su conciencia del valor de su entorno.

El Creador les estaba enseñando que los hizo más importantes que a las plantas, animales, pájaros y peces. Una creencia popular de hoy es que los seres humanos evolucionaron del reino animal, pero Dios no sólo nos distinguió de los animales dándonos su propia naturaleza, sino también colocándonos con autoridad sobre ellos. Nuestra auto-estima debería ser igual a la estima con la cual el Creador aprecia. Él nos estimó tanto que nos dio la habilidad de gobernar sobre la creación, haciéndonos co-líderes y co-gobernantes con Él sobre la tierra.

Nuestra disposición hacia nosotros mismos y hacia el mundo viene de nuestra auto-estima. Nuestra auto-estima, en cambio, viene de la conciencia de nuestros valores para nuestro mundo. Es aquí donde obtenemos nuestro sentido de importancia y contribución en la vida. Ahora que comprendo que fui creado para ser un líder, me estimo muy necesario para el mundo. Usted necesita hacer lo mismo porque su relación vendrá de esa conciencia. Usted debe llegar al punto en donde está convencido y confirmado de que usted y su don son necesarios. Los verdaderos líderes creen que son necesarios para su generación y mundo.

La creación y la auto-conciencia

El mayor descubrimiento en la experiencia humana es el auto-descubrimiento. Su actitud del liderazgo se aviva cuando usted está conciente de su naturaleza real. Sócrates, el gran filósofo griego, hizo del "Conócete" el principio guía para su vida y esta idea fue perpetuada por su discípulo Plato. Sin embargo, "Conócete" es una idea inconclusa porque todo lo que ellos conocían era que había algo que aprender sobre sí mismos. Ellos no entendían o explicaban totalmente cómo hacer esto. La única manera de conocerse a sí mismo, es saber de dónde se originó, porque usted es igual al Origen de dónde provino. Por eso es que la mejor manera de descubrirse y entenderse a sí mismo es descubrir y estudiar la naturaleza y los atributos de Dios.

Necesitar conocer a Dios, no tiene que ver con la "religión" o algunas cosas que la gente hace en nombre de la religión. Más bien tiene que ver con ser presentado a su verdadero yo.

El espíritu de liderazgo

Sólo su Origen le puede dar un conocimiento de quién es usted, porque tiene la misma naturaleza y esencia que Él tiene. Conocer a Dios le lleva al mayor conocimiento de la humanidad sobre sí mismo.

Cuando una persona conoce a su Creador, y finalmente se conoce a sí mismo, entonces ha nacido su liderazgo. Cuando él hace su descubrimiento, sus actitudes son ajustadas. Sus creencias sobre sí mismo, del humano, y su función en el mundo, son transformadas radicalmente.

Descubriendo el corazón del liderazgo

Toda su vida está controlada y determinada por su corazón. Ya sea que en su corazón se dicte su experiencia en la vida. Cuando menciono el corazón, asumo que la mayoría de las personas inmediatamente piensan en el órgano físico que palpita en su pecho. Pero esto no es lo que la palabra significa en el contexto del liderazgo.

> Cuando una persona conoce a su Creador y a sí mismo, entonces ha nacido su liderazgo.

La Biblia nos provee de muchas verdades sobre el corazón. Cuando usa esta palabra, usualmente se refiere a nuestro subconsciente mental y sus contenidos. El históricamente renombrado psicólogo, Freud, en su intento de describir y definir este concepto del corazón, se refirió al "psiquis". ¿Pero cuál es el corazón?

Desde los tiempos medievales, el corazón ha sufrido una metamorfosis desde el centro de nuestro ser. El Dr. David Allen, un líder en psicología, en su libro *Contemplation* (*Contemplación*), dice así: "Es el centro de toma de decisiones donde

El Espíritu de Liderazgo

todas nuestras elecciones—buenas y malas—son decididas... El corazón es conciente e inconsciente... [Este] también es un lugar para entender y razonar. De acuerdo a Pascal, 'el corazón tiene razones que la mente no conoce...' El corazón es la base psicológica más profunda de nuestra personalidad".[23]

El corazón es fondo de nuestro razonamiento, el almacén de todos nuestros pensamientos, el semillero de nuestras ideas y el centro de nuestra toma de decisiones. Es el "disco duro" de nuestra mente conciente. Nuestros corazones o subconscientes mentales son los que nos motivan en nuestras actitudes y acciones, aunque no estemos concientes de lo que nos está influenciando.

Jesús, el máximo líder de los líderes, prestó mucha atención a este aspecto del proceso de desarrollo y entrenamiento del humano. Enfatizó las siguientes declaraciones a sus estudiantes de liderazgo:

> Porque de la abundancia del corazón habla la boca. El hombre bueno, del buen tesoro de su corazón saca lo bueno; y el hombre malo, del mal tesoro de su corazón saca lo malo.

> Pero lo que sale de la boca, del corazón sale; y esto contamina al hombre. Porque del corazón salen los malos pensamientos, los homicidios, los adulterios, las fornicaciones, los hurtos, los falsos testimonios, las blasfemias. Estas cosas son las que contaminan al hombre; pero el comer con las manos sin lavar no contamina al hombre.

> El hombre bueno, del buen tesoro de su corazón saca lo bueno; y el hombre malo, del mal tesoro de su corazón saca lo malo; porque la abundancia del corazón habla la boca.

El espíritu de liderazgo

En estas simples declaraciones, el principio del corazón y su poder para controlar toda la vida, es evidente. De acuerdo a Jesús, todas nuestras acciones son motivadas por el contenido de nuestros corazones o por lo que esté almacenado en nuestro subconsciente mental. ¿Ha notado que las verdaderas actitudes y creencias de las personas, con frecuencia son manifestadas cuando están bajo presión? Están revelando lo que hay sus corazones.

A continuación se dan algunos ejemplos bíblicos para el uso de la palabra *corazón* y cómo corresponde a nuestra subconciencia mental. La palabra hebrea, tradujo corazón como *leb*, que quiere decir "los sentimientos, la voluntad y aun, el intelecto" o el "hombre interno".[24] Justo antes de enviar el diluvio para que destruyera a toda humanidad excepto a Noé y su familia, el Creador dijo del hombre que "todo designio de los pensamientos del propósito de ellos era de continuo solamente el mal". Él estaba diciendo que, lo que estaba almacenado en el subconsciente mental del hombre—había sólo maldad.

Todas nuestras acciones son motivadas por el contenido de nuestros corazones.

En el libro de Proverbios leemos: "Nunca se aparten de ti la misericordia y la verdad; Átalas a tu cuello, Escríbelas en la tabla de tu propósito". ¿Qué es la "tabla" del corazón? La palabra se refiere a una pieza sin abrillantar o tablón en donde se puede esculpir y luego leer. Lo que "escribimos" en nuestros corazones, lo usamos como referencia para nuestras actitudes y acciones. De nuevo, en Proverbios, leemos: "del hombre son las disposiciones del corazón". En el corazón es donde colamos las cosas y tomamos decisiones de lo que queremos hacer y ser.

El Espíritu de Liderazgo

En el antiguo libro de Jeremías, el profeta registra: "Yo Jehová, que escudriña la mente, que pruebo el corazón, para dar a cada uno según su camino, según el fruto de sus obras". El Creador examina el fondo de nuestras actitudes y mira lo que está almacenado. ¿Hace esto para premiar a alguien de acuerdo a qué? Su conducta o comportamiento. La actitud y conducta están unidas porque sus acciones vienen de lo que usted piensa. El escritor del libro bíblico de Hebreos, del primer siglo dijo: "Porque la palabra de Dios es viva y eficaz, y más cortante que toda espada de dos filos; y penetra hasta partir el alma y el espíritu, las coyunturas y los tuétanos, y discierne los pensamientos y las intenciones del corazón". Estamos sujetos a nuestras responsabilidades, no sólo por nuestras acciones, también por nuestros pensamientos y actitudes. En el libro del profeta Samuel, Dios dijo: "Pues el hombre mira lo que está delante de sus ojos, pero Jehová mira [estudia lo que está en] el corazón". Esto es porque el subconsciente revela lo que la persona realmente es.

Marcos, el escritor del primer siglo y discípulo de Jesús, registró las palabras de Jesús cuando se refería al principio de enfoque: "Porque donde esté vuestro tesoro, allí estará también vuestro corazón". Aquí está el principio: "Cualquier cosa que valores, preocupará a tu mente, pensamientos y conciencia". Por ejemplo, si valora la riqueza terrenal más que los ideales máximos de espiritualidad como la pureza, bondad, misericordia, fidelidad y otros atributos nobles, entonces éstos serán su origen para la motivación.

Jesús también dijo una parábola sobre el perdón, concluyendo con el pensamiento que "debes [deberías] perdonar a tu hermano de todo corazón". Piense sobre lo que esto significa cuando considera que el "corazón" se refiere al subconsciente mental. Usted puede decirle a todos que le ha perdonado, pero en su mente puede irse diciendo: "No te perdono". En efecto, Jesús está diciendo: "Cuando hayas liberado a la persona en tu subconsciente, entonces realmente le has perdonado". Usted no ha dicho sólo palabras, sino que le ha perdonado en lo profundo de su ser.

De nuevo, citando las palabras de Moisés, Jesús dijo: "Ama a Dios de todo tu corazón, y de toda tu alma, y con toda tus fuerzas". El corazón y el alma, ambos son mencionados aquí. Fuimos hechos para amar a Dios con todos nuestros pensamientos y actitudes concientes y subconscientes. En esencia, debemos tener nuestra conciencia y subconciencia llenas de los pensamientos, palabras, naturaleza, atributos y características de Dios. El Creador debería ser el "modo predeterminado" en nuestro disco duro mental.

Usted realmente no cree algo hasta que entra en su subconciencia.

Enfatizando el poder de la creencia, Jesús le dijo a Sus discípulos: "Porque de cierto os digo que cualquiera que dijere a este monte: Quítate y échate en el mar, y no dudare en su corazón, sino creyere que será hecho lo que dice, lo que diga le será hecho". Usted puede mentalmente reconocer algo, pero no dudarlo en su subconciencia, es algo difícil. Es por eso que las montañas no se mueven en nuestras vidas. Mentalmente o concientemente, decimos, "muévete". Sin embargo, el tema no está totalmente fijo dentro de nosotros. Nuestro creer debe ir más profundamente.

Las creencias y las convicciones de un líder regulan la naturaleza de su liderazgo. Usted realmente no cree algo hasta que

El Espíritu de Liderazgo

entra en su subconciencia. La mayoría de nosotros no podemos romper ciertos hábitos porque no tenemos los pensamientos y las actitudes correctas que nos permitirán cambiar. Sus convicciones determinan lo que está almacenado en su corazón, y su corazón es el contenedor de sus actitudes. Es el banco de donde retira lo que determina la manera de vivir su vida.

Identificando el corazón

Su corazón es la cámara que guarda sus convicciones sobre todos los aspectos de la vida. Sus convicciones son las creencias, y sus creencias generalmente se originan de lo que escucha y cree ser cierto. El corazón es donde está almacenado todo lo que ha aprendido y repetidamente escuchado durante su vida. También es donde toda su cultura está asimilada dentro de su psiquis. Es la posición de ventaja desde donde mira al mundo. Su corazón es el fondo de sus creencias. Es el centro de su filosofía, en contenedor de las ideas que ha aceptado por ciertas.

Su corazón es la cámara que guarda sus convicciones sobre todos los aspectos de la vida.

Debido a que, por la mayor parte, el corazón almacena lo usted realmente cree, y sus actitudes y acciones están basadas en esas creencias, el corazón o el subconsciente es el componente más peligroso en nuestra relación para la vida. Esta es la razón por la que su creencia es esencial—vital, crítica—para su vida. Es mejor que sus creencias sean correctas porque vive de su corazón; mira a través de su corazón; interpreta a través de su corazón; juzga a través de su corazón. Desarrollar el espíritu de liderazgo significa, corregir lo que haya escuchado, porque la mayoría de cosas que anteriormente haya escuchado

El espíritu de liderazgo

y aceptado como correctas, han influenciado negativamente a la imagen de usted mismo, sus creencias sobre su valor y cómo haya vivido su vida.

¿Por qué cree lo que cree acerca de usted? Como ya lo mencioné anteriormente, el corazón o subconsciente es como el disco duro de una computadora. Es el disco en donde descargó el programa de sus experiencias y la información que ha recibido y aceptado, como también su evaluación sobre ellos. Almacena todas sus ideas, creencias, convicciones, filosofía, experiencias, memorias, lamentos, heridas y pensamientos secretos. Lo que grabe en el disco duro es lo que saldrá cuando presione la tecla adecuada.

Usted obtiene lo que introdujo.

Para ponerlo de otra forma, usted obtiene lo que introdujo. Si usted quiere una cena de pollo, no puede poner una culebra en la cacerola y esperar que se cocine un ave. Tiene que poner el ingrediente correcto. Por lo tanto, si queremos exhibir el espíritu de liderazgo, es importante que nosotros, recibamos la información correcta sobre lo que significa ser un líder. Cuando descubrimos la verdad y esa verdad está establecida en nuestro subconsciente, ocurrirá una transformación. Este principio es la razón por lo cual la gente es capaz de tener lo que se llama un "cambio de corazón". Ellos cambian sus actitudes y creencias, y, esto altera sus acciones y reacciones.

Es por eso que es importante para usted, tener la información correcta. Si usted descubre la verdad, entonces la verdad le hará libre. Si no borra, quita o reemplaza la información en el disco duro de su corazón, entonces su liderazgo será gobernado, distorsionado e influenciado por cualquier cosa que esté en su sistema predeterminado. El verdadero liderazgo exige un constante monitoreo de lo que va al corazón.

El antiguo texto hebreo de la Biblia registra al sabio rey Salomón hablando sobre el poder y la función del corazón en su libro de Proverbios: "Sobre toda cosa guardada, guarda tu corazón; porque de él mana la vida". De nuevo, él no habla sobre el órgano físico del pecho sino del lugar de todo almacenaje subconsciente. La declaración de Salomón es un antiguo dicho, pero la gravedad de este significado y las implicaciones lo hacen muy difícil de comprender. Esta declaración enseña la realidad que todas nuestras experiencias e interpretaciones de la vida no son causadas por un estímulo externo, sino de nuestro estado interno de ser y creer. El rey Salomón también dijo con referencia al poder del corazón o subsciente: "Como en el agua el rostro corresponde al rostro, así el corazón del hombre al del hombre". El corazón es el fondo de la vida y determina la calidad de nuestra experiencia en la vida. **Los líderes empiezan desde sus corazones.**

Para convertirse en el líder para lo cual fue creado, debe prestar atención a su corazón, estudiar lo que hay en él y considerar el origen (u orígenes) de donde usted recibió este contenido. Puede que esté sufriendo de "dureza del corazón". Que no le de un ataque al corazón, a cambio le desafío a "atacar" su corazón y cambiar este contenido para enrumbarse a obtener la verdad de usted mismo en el único Origen seguro—el Creador mismo. Permita que Su Palabra sea la fuente de sus palabras, luego descubra y crea la verdad sobre usted mismo.

Actitudes y altitudes del corazón

Al final, su *actitud* subconsciente afecta su *altitud*: A lo alto que su corazón aspira, depende de la información que esté

El espíritu de liderazgo

dentro de él. Usted sabrá cuando haya capturado el espíritu de liderazgo porque empezará a ver todo diferente, y su nueva perspectiva será la base de su sistema de creencia. En vez de que el ambiente lo influencie, usted empezará a influenciar su ambiente, iniciando con su determinación mental.

Anteriormente, cité al rey Salomón, quien dijo que: "como un hombre piensa, así es". De nuevo, la palabra *"corazón"* se refiere al fondo del razonamiento de la persona, su subconsciente, el centro de su almacenaje de enseñanza. Salomón estaba diciendo que lo que guarde en su corazón determina lo alto o lo bajo que usted piensa de sí mismo y lo que usted cree puede ser y realizar.

La fuente del espíritu de liderazgo

Como hemos visto, debido a que nuestros pensamientos y creencias generalmente vienen de lo que tomamos de nuestros ambientes, nos convertiremos en lo que aprendemos, escuchamos y tomamos. Originalmente fuimos diseñados para vivir un ambiente conducente a la naturaleza de Dios, el cual es el liderazgo natural, para que el origen de nuestras actitudes pueda ir paralelo a nuestro propósito.

Los líderes empiezan desde sus corazones.

Usted es lo que cree. Sus pensamientos crean su creencia. Sus pensamientos crean sus convicciones, su convicción crea su actitud, su actitud controla su percepción, y su percepción dicta su conducta. Lo que verdaderamente crea sobre usted mismo, creerá de su mundo. Recuerde que nadie puede vivir más allá de los límites de su propia creencia. Es decir, su vida es lo que *piensa* que debería ser.

El Espíritu de Liderazgo

La necesidad vital de la verdad y la libertad

A lo que vamos es que la búsqueda más importante, es la búsqueda de la verdad. El máximo líder de líderes, Jesucristo, dijo que la verdad nos hará libre. ¿Libre de qué? Obviamente que, si le digo la verdad, es que usted es libre de un error o información falsa. Por lo tanto, Él estaba implicando que lo que aprendimos antes de recibir su información debe ser revisado con suspicacia, y, de ser necesario, quitado de nuestros sistemas de creencias.

Anteriormente mencioné que, con frecuencia, una persona puede tener un título pero no exhibir un liderazgo efectivo y verdadero. Esto no es porque haya un problema con su título o porque no esté haciendo suficiente dinero, sino que no conoce la verdad sobre sí mismo como un líder. Una persona puede aprender métodos y técnicas de administración o ir a muchos cursos de liderazgo, pero si no obtiene este descubrimiento de la verdad, entonces su actitud será defectuosa. Si su actitud es defectuosa, su concepto sobre sí mismo también será defectuoso.

Si el origen de sus pensamientos no es correcto, sus pensamientos están incorrectos.

Pablo, el escrito del primer siglo, en su carta a la iglesia en Roma, dijo que los seres humanos no aprobaron en sus mentes el tener en cuenta a Dios y por esa razón eran corruptos. En algún momento, los archivos del programa original de la humanidad se corrompió y ahora el programa no será ejecutado correctamente; éste continúa sacando la información equivocada que introdujo. Para usar otra analogía, si la fuente de una laguna de agua fresca es cortada, muy pronto se estancará.

El espíritu de liderazgo

Si el origen de sus pensamientos no es correcto, entonces sus pensamientos están incorrectos y sus conclusiones y creencias son defectivas y contaminadas—o pronto lo serán. El resultado es una vida vivida en error e inseguridad.

Por lo tanto, descubrir la verdad es nuestra búsqueda más importante, y la verdad sobre nosotros se encuentra únicamente en el Fabricante. La famosa pregunta de la historia siempre ha sido "¿qué es la verdad?" He descubierto que la definición más práctica de la verdad es la "información original". Una consideración cuidadosa de esta definición revela que el único que conoce la verdad sobre todas las cosas es el que las creó, porque sólo el originador puede tener la información original sobre su producto.

El liderazgo del espíritu es el dispositivo y el espíritu de liderazgo es el programa.

Consecuentemente, cualquier declaración sobre el producto debe ser vista sólo como comentario u opinión. Para redescubrir el liderazgo del espíritu, debemos regresar al Originador. Para recobrar el espíritu de liderazgo, debemos redescubrir la verdad—la información original—sobre nosotros mismos, información que posee el Fabricante.

En efecto, el liderazgo del espíritu es el dispositivo y el espíritu de liderazgo es el programa. Desarrollar el espíritu de liderazgo significa obtener la información original de donde el dispositivo intentó trabajar y operar. De nuevo, el único que tiene la información original del producto es Quien lo hizo.

Es interesante notar que el concepto hebreo de conocer es "luz" lo que implica que, la ignorancia es "oscuridad". Por lo tanto, en Apocalipsis la luz es considerada como el conocimiento que Dios, el Fabricante, posee. De hecho, Dios el Creador mismo, es descrito en la Biblia como "luz y [en quien] no hay ningunas tinieblas". El adversario de Dios y el hombre es comúnmente referido como el "príncipe de las tinieblas". Su poder para controlar o gobernar el espíritu humano es generado por nuestra ignorancia. El hombre sin el conocimiento original de él mismo, del Fabricante, es como una lámpara o candela sin llama.

El libro de Proverbios nos dice que: "Lámpara de Jehová es el espíritu del hombre, la cual escudriña lo más profundo del corazón". ¿Qué sucede cuando la luz de esa candela se apaga? Necesita volver a encenderse. Necesita conocimiento original. Hasta que Dios le de al ser humano el conocimiento original de quién es, entonces es una candela sin llama. Existe, pero no tiene vida real. No tiene iluminación sobre la manera en que fue diseñado.

En el libro de los Salmos dice: "Tú encenderás mi lámpara; Jehová mi Dios alumbrará mis tinieblas". Es decir, Dios dará el conocimiento original, la información que necesitamos, nos alumbrará y removerá nuestra ignorancia. Jesús dijo: "Nadie pone en oculto la luz encendida, ni debajo del almud, sino en el candelero para que los que entran vean la luz". Primero, el Creador nos ilumina, luego tenemos que salir e influenciar a otros con la luz que se nos ha dado. **El verdadero liderazgo es manifestado cuando el individuo usa la llama para iluminar las vidas de muchos y les ayuda a descubrir la reserva del aceite escondido en nuestras propias lámparas.**

El espíritu de liderazgo

Principios del capítulo

1. El verdadero liderazgo no es un método, una técnica o una ciencia, sino una actitud.
2. Tener el espíritu de liderazgo significa que usted conoce y demuestra la determinación mental de un líder.
3. Usted debe escoger el cumplir con su naturaleza de liderazgo.
4. Manifestar el espíritu de liderazgo es una manera de descubrir y nutrir su verdadera personalidad para que naturalmente manifieste su liderazgo natural.
5. Usted no puede elevarse sobre el nivel de su condición mental. Para cambiar su vida, usted debe cambiar su mente.
6. No hay nada más importante que la *fuente* de nuestros pensamientos.
7. Cuando su filosofía, creencias, pensamientos y convicciones están basadas en la manera en que fue creado para pensar, naturalmente gobernará sobre su entorno y cumplirá su propósito en la vida.
8. Nuestra actitud hacia la vida es mayormente, el resultado del concepto propio o la imagen que tenemos de nosotros mismos.
9. Somos hechos para vernos como seres creados a la imagen y semejanza de nuestro Creador y tener Su naturaleza.
10. Nuestros pensamientos y sentimientos sobre nosotros mismos están determinados por nuestro valor propio. Debido a que el Creador nos hizo a su imagen y semejanza nuestro valor es una reflexión de Su valor.
11. No podemos liderar si dependemos de otros para que nos den valor, sino hasta que reconocemos nuestro propio inherente valor y lo que se nos ha dado para ofrecer a los demás.

El Espíritu de Liderazgo

12. El verdadero liderazgo le da a las personas una causa, una razón para vivir y un sentido de importancia que le da significado a sus vidas para que se sientan necesarios y útiles. Les da una salida para expresar sus propios dones.

13. Para manifestar el espíritu de liderazgo, tenemos que conocer cómo nuestras actitudes hacia nosotros mismos impactan nuestras relaciones para con los demás.

14. El auto-estima es la estimación del valor que usted tiene del mundo. Es como usted se aprecia en términos de su contribución y utilidad para los demás.

15. Los verdaderos líderes creen que son necesarios para su generación y mundo.

16. El mayor descubrimiento en la experiencia humana es el auto-descubrimiento.

17. Su actitud del liderazgo—o espíritu de liderazgo—se aviva cuando usted está conciente de su naturaleza real.

18. La mejor manera de descubrirse es descubrir a Dios. Cuando una persona conoce a su Creador, y finalmente se conoce a sí mismo, entonces ha nacido su relación.

19. Usted realmente no cree algo hasta que entra en su subconciencia.

20. La búsqueda más importante es la búsqueda de la verdad.

21. Lo que usted cree es esencial para su vida porque, usted vive de su corazón; mira a través de su corazón; interpreta a través de su corazón y juzga a través de su corazón.

22. Desarrollar el espíritu de liderazgo significa, corregir lo que haya escuchado, porque la mayoría de cosas que anteriormente haya escuchado y aceptado como correctas, han influenciado negativamente a la imagen de usted mismo, sus creencias sobre su valor y cómo haya vivido su vida.

El espíritu de liderazgo

23. Su *actitud* subconsciente afecta su *altitud*: A lo alto que su corazón aspira, depende de la información que esté dentro de él.
24. Nadie puede vivir más allá de los límites de su propia creencia. Es decir, su vida es lo que *piensa* que debería ser.
25. Las creencias y las convicciones de un líder regulan la naturaleza de su liderazgo.

CAPÍTULO CINCO
La pérdida del liderazgo del espíritu

La fuente es la autoridad y el sustentador del producto.

En la historia del capítulo uno, algo sucedió que hizo que el joven león se separara de sus otros compañeros leones, por lo que ya no estaba en contacto con su verdadera personalidad y creyó que era una oveja. Talvez fue abandonado o se quedó atrás y luego fue hallado por el campesino. De cualquier manera, perdió la conexión con el bosque y se encontró en un entorno no natural. Eventualmente, aceptó como normal su nuevo ambiente.

Asimismo nosotros vivimos en estado no natural. Hemos perdido la conexión con nuestra verdadera personalidad y ya no tenemos la mentalidad que va con nuestra inherente naturaleza de liderazgo. ¿Cómo ocurrió esta desconexión?

La conexión vital entre la fuente y el producto

En el capítulo tres, hablamos acerca de uno de los principios más importantes establecidos por el Creador para el

La pérdida del liderazgo del espíritu

proceso de la creación: El principio de la fuente y el recurso. Este principio dice:

Una cosa consiste del mismo material de donde provino y debe mantenerse adherido a su fuente para vivir y maximizar su potencial.

Una breve revisión de la creación y la naturaleza revelarán la verdad de este principio para todas las cosas vivientes. Todo lo que el Creador hizo, necesita mantenerse conectado al lugar de donde provino para cumplir con su propósito original. Por ejemplo, en el primer libro de Moisés leemos: "Y Jehová Dios hizo nacer de la tierra todo árbol delicioso a la vista, y bueno para comer". El Creador hizo los árboles de la tierra y tienen que estar conectados a la tierra o caso contrario, morirán. A través del suelo, las raíces tienen acceso a los minerales y al agua que necesitan para mantenerse vivos. Similarmente, una semilla que no esta plantada nunca puede cumplir su inherente potencial. Necesita estar conectada a su origen para producir vida. Cuando una planta muere, ya no existe en la forma en que pueda cumplir su propósito. Se pudre y vuelve a la tierra—su fuente original.

Miremos un ejemplo que relacionado: El Creador dijo: "Produzcan las aguas seres vivientes". Los peces y otras criaturas fueron creados de las aguas, y es por eso que necesitan estar en el agua para poder vivir.

El principio de la fuente y el recurso también sostiene la verdad del proceso de la creación del hombre como una fabricación, que provee mucho de los productos que disfrutamos. Por ejemplo, si quiere partes genuinas para su carro, tiene que ir a la fuente que creó el carro. No va a otra compañía; debe obtenerlos de los negocios autorizados. Si quiere mantener un reloj Rolex, va a la compañía de los Rolex, no va Timex. De igual manera, si quiere reparar una canasta de paja, usa el material original—paja—en vez de piedras.

El origen del espíritu humano

Sin embargo, la aplicación más importante de este principio, está en la creación del humano. Consideremos nuevamente el origen de los seres humanos para descubrir la naturaleza de nuestra conexión con nuestra Fuente. Si mira cuidadosamente a la narración de la creación, notará que el Creador habló del material que deseaba que el producto fuera hecho o creado, y fue del material de origen que salió el producto.

> UNA COSA CONSISTE DEL MISMO MATERIAL DE DONDE PROVINO.

Como cité anteriormente, cuando el Creador quería vegetación, le habló a la tierra, y de esa manera se originó toda la vegetación; ésta consiste de elementos del suelo y debe permanecer arraigada a la tierra para vivir y ser fructífera. El mismo principio es correcto para todas las criaturas vivientes. Todas se originaron de la tierra, consistiendo de elementos del suelo y deben ser sustentadas por medio de la tierra. También regresan a su fuente cuando mueren.

Sin embargo, cuando el Creador hizo a la especie humana, recuerde que Él hizo algo único y especial: Él no le habló a la tierra, ni al agua, ni a la atmósfera, sino que se habló a Sí mismo. Este hecho es el más crucial para

La pérdida del liderazgo del espíritu

entender la naturaleza, composición, valor y mérito del espíritu humano. De hecho, para producir al ser humano el Creador realmente utilizó dos procesos. Primero dijo: "Hagamos al hombre a nuestra imagen y semejanza". Cuando hizo al hombre, esencialmente creó al hombre de Él mismo para que la esencia del hombre pudiera ser igual. Así como Dios es Espíritu, creó a los humanos para ser espíritus. Los espíritus, por naturaleza, no tienen género.

Es importante notar que, en las Escrituras, no hay referencia de un espíritu masculino o femenino. Esto es porque el hombre, como una entidad, no *tiene* espíritu sino que *es* un espíritu. El ser que el Creador hizo a su imagen es mucho más que un ser físico.

El hombre, como una entidad, no tiene espíritu sino que es un espíritu.

Luego, leemos que "Dios creó al hombre" a su imagen, a la imagen de Dios lo creó; varón y hembra los creó". La Biblia también dice "Jehová Dios formó al hombre" y "formó a [la] mujer". El Creador esencialmente miró este espíritu humano y lo colocó en dos formas físicas: varón y hembra. La esencia de ambos es el espíritu llamado "hombre", el cual reside en ellos.

Podemos pensar en esta distinción en dos maneras: Dios "*creó*" al hombre, pero *hizo* varón y hembra. La palabra para "*creado*" es *bara*, y significa formar de la nada.[25] Las palabras "*formado*" y "*hecho*" vienen de las palabras hebreas *asah* y *banah* y quieren decir moldear y construir[26]—en el contexto es moldear y construir algo que ya existía. Con referencia

El Espíritu de Liderazgo

a cómo la humanidad llegó a existir, estos versículos dicen que Dios creó al hombre a Su imagen y que también hizo al hombre.

El hombre no fue creado de materia; el hombre vino del Espíritu del Creador. La parte del hombre que fue hecha de la "nada" vino de Dios. El Creador sólo habló para que él existiera, similar a cuando dijo: "'Sea la luz' y fue la luz". Pero cuando Dios hizo al hombre y a la mujer, utilizó materiales del mundo físico que ya había creado. A la humanidad se le dio cuerpos físicos para vivir y funcionar en un mundo físico y para gobernarlo.

La fuente original del espíritu del hombre es el Creador, mientras que la fuente original de nuestros cuerpos físicos es el polvo de la tierra. Es por eso que eventualmente, el cuerpo se convierte en polvo cuando muere, mientras que nuestro espíritu regresa al Padre de nuestros espíritus.

La autoridad de la fuente

Como ya se citó antes, el origen es vital para el continuo bienestar de la descendencia o producto, porque es la autoridad y el sustentador de lo que produce. El origen de donde proviene algo, provee y determina su identidad, habilidad, capacidad, potencial y durabilidad. El producto siempre está conectado a su fuente. Por ejemplo, suponiendo que tenga una mesa de madera, y le pregunto qué es. Probablemente me responda que "es una mesa". Lo clasificamos como *mesa*, pero en su esencia, realmente es un árbol.

Dar un nombre a algo que no se conecte a su origen, no niega lo que intrínsicamente es—pero puede limitar su potencial y utilidad de alguna manera. Es por eso que clasificar a

La pérdida del liderazgo del espíritu

las personas puede ser una cosa lamentable. Nuestra clasificación dicta y controla nuestras actitudes y tratos para con los demás. Lo que aun es más potencialmente dañino, es que las personas con quienes hablamos, pueden internalizar nuestras clasificaciones y esto limitará sus creencias en sus intrínsecos potenciales y valores. En el caso de la mesa, su identidad viene de su origen, el árbol. No importa lo que diga, su naturaleza esencial está derivada de donde proviene, no de cómo se le llame. Lo mismo es correcto con los seres humanos. No importa lo que pudiéramos decir de la naturaleza de la humanidad, su verdadera naturaleza se deriva del Creador.

Entonces, la única manera para que un persona conozca su verdadera naturaleza, es regresar y reconectarse a su Fuente y ver de lo que está hecho. La esencia de un ser humano es el espíritu, no el cuerpo, así es que debe volver al Espíritu de donde fue creado. Regresando a la ilustración de la mesa, hay mucho más que no conocemos si no conocemos el árbol en particular de donde provino, la edad del árbol o en qué bosque creció. Podríamos intentarlo, pero no podríamos realmente hablar de su fuerza o durabilidad porque ha sido cortado de su origen. La mesa sólo puede ser tan fuerte como el árbol original.

El mismo principio se aplica a la humanidad. El espíritu humano nunca puede conocer su naturaleza de liderazgo—su propósito, habilidad, potencial, poder o cualquier otra cosa—sin conocer su verdadero origen y manteniendo conexión con su Fuente. De acuerdo al principio de la fuente y el recurso, conocer a Dios no es una opción. *Necesitamos* conocerle para nuestro mantenimiento y supervivencia. De nuevo, cada vez que separemos algo de su origen, las cosas salen mal—ya sea

El Espíritu de Liderazgo

que funcione mal o que muera—porque el origen provee de todas las cosas siguientes:

Identidad

Propósito

Concepto

Mérito

Valor

Protección

Mantenimiento

Preservación

Productividad

Significado

Vida

La gran separación

Así como la planta muere cuando es separada de su fuente—la tierra—o un pez muere cuando es separado de su fuente—el agua—si una persona se separa de su origen—el Espíritu de Dios—entonces también, naturalmente funcionará mal y morirá. Si usted es cortado de su Fuente, es desconectado de todos los elementos enumerados anteriormente. Esto es lo que le ha pasado a la raza humana.

La llamada caída del hombre, fue la desconexión del hombre de su origen de la creación—Dios—y los resultados fueron devastadores. Los seres humanos perdieron su sentido de identidad, auto-valor, auto-concepto, como también de su sentido del valor e importancia personal, su mundo y el universo.

La pérdida del liderazgo del espíritu

Básicamente, el hombre perdió el conocimiento de quién es, de dónde vino, qué es capaz de hacer, para dónde va y por qué existe.

Funcionamos debajo de nuestro potencial porque fuimos cortados de nuestro propósito original.

Fuimos cortados de nuestro propósito original; por lo tanto, funcionamos muy por debajo de nuestras verdaderas habilidades y potenciales, carecemos de conocimiento y sabiduría necesaria para tomar buenas decisiones y sufrimos como víctimas de nuestro conocimiento y perspectivas humanas limitadas:

- No sabemos quienes somos porque no conocemos de quién venimos.
- No conocemos el significado de la vida porque fuimos cortados de nuestro propósito original.
- No podemos ser totalmente productivos porque no conocemos de donde viene nuestra habilidad y fortaleza.
- Carecemos de conocimiento y sabiduría para tomar buenas decisiones porque creemos cualquier cosa que parece correcto a nuestras perspectivas limitadas.
- Nos convertimos en temerosos, apáticos o súper competitivos porque estamos tratando de sobrevivir en un ambiente progresivamente no natural.
- Nos aferramos a substitutos de la verdadera Fuente como un esfuerzo para encontrar importancia y paz.

El Espíritu de Liderazgo

¿Cómo sucedió esta separación? Para protección de la humanidad, el Creador estableció leyes naturales que correspondían con la naturaleza y bienestar de la humanidad. En vez de confiar que estos parámetros fueron establecidos para su bien, la humanidad se declaró independiente de su Fuente. Esencialmente, los seres humanos pensaron que podían vivir separados de su Fuente, y, por lo tanto, se alejaron de Él. Todos los problemas de la humanidad, que vemos hoy y que se han visto a lo largo de nuestra historia surgen de este acto. Cuando usted declara la independencia, (1) debe crear su propia identidad y (2) se vuelve responsable de su propio destino. El problema es que: Si usted no tiene los recursos para vivir independientemente—o sea, si intrínsicamente no tiene vida en usted mismo—entonces su fracaso es inevitable.

Como el primer hombre, Adán representó a toda la humanidad. Cuando declaró su independencia de la Fuente, se separó no sólo él, sino que también a todos sus futuros descendientes, de su verdadera identidad, propósito, protección, mantenimiento, preservación, productividad, importancia y vida. Es por esto que el Creador le advirtió a Adán con suficiente tiempo, diciendo: "el día que te rebeles en mi contra desobedeciendo mi orden, ciertamente morirás".

El concepto de la muerte aquí, no se refiere a la determinación física del cuerpo, de acuerdo al relato bíblico de la gran separación, Adán vivió cientos de años después de su rebelión. En cambio, la muerte se refiere a la separación de la relación que el hombre tenía con su Fuente Creadora. Se refiere al traslado de la identidad del hombre, sentido de auto-imagen y auto-valor. Dios estaba hablando de la muerte espiritual que viene del estar separado nuestra Fuente. La evidencia máxima de esta muerte es manifestada en lo deplorable de las casas

La pérdida del liderazgo del espíritu

físicas en las cuales vivimos, la culminación de lo que llamamos muerte.

El resultado natural de la separación

Cada vez que el humano se rebela en contra de las leyes establecidas por el Creador, la muerte es el resultado natural. Para el Creador, la muerte no es esencialmente la ausencia de la vida (espíritu) del cuerpo. La verdadera muerte—la muerte espiritual—es el espíritu siendo separado de su Fuente de vida. Fundamentalmente, lo que conectaba a la humanidad con el Creador era su Espíritu en nosotros. Cuando el hombre desobedeció las leyes de Dios, ese Espíritu salió, completando así la separación. El resultado fue que, no teníamos la manera directa de relacionarnos, comunicarnos o recibir del Creador. Perdimos tanto el poder del Creador como la conciencia del espíritu de liderazgo que nos había dado.

Lo que conectó a la humanidad con el Creador era su Espíritu en nosotros.

Por lo tanto, cuando Adán se separó del Creador, estaba en rebelión en contra de su estado natural. Un término religioso para la rebelión es *pecar*. No hay palabra en hebreo llamada "pecado". La palabra que frecuentemente se tradujo como pecado, en las versiones en español del Antiguo Testamento es *chatta'ah*, que significa "una ofensa y su sanción".[27] La ofensa es básicamente una rebelión en contra de nuestra Fuente y la sanción inevitable de la ofensa es la muerte o separación.

Si usted se separa de su Fuente, es usted quien sufrirá, funcionará mal y morirá, no la Fuente. Además que, al igual que la tierra nunca mata una planta o el agua nunca mata un pez, cuando son separados de su medio; no es el Creador quien mata. No tiene por qué. La muerte es el resultado, no una imposición. La declaración de Dios: "Ciertamente morirás", es sólo el anuncio del resultado, no una amenaza. Él no dijo: "El día que lo hagas, te mataré". Él dijo: "Ciertamente morirás".

Si usted saca una planta de la tierra, no necesariamente la mata. Se marchitará. Si saca un pez del agua, no necesariamente lo mata. Se sofocará y morirá. De igual manera, si el hombre se desconecta con Dios, no necesita imponerle destrucción. Muere espiritualmente y es cuestión de tiempo, antes de que muera físicamente.

El Creador trajo vida, no muerte, al mundo. Él no impone muerte en nada de Su creación. La muerte es el resultado de la rebelión en contra de las leyes naturales establecidas por la Fuente. Estas leyes están en alineación con la naturaleza y el carácter de la Fuente, y son para el óptimo bienestar de su descendencia. La vida está en la Fuente. Quien se mantenga conectado a la Fuente, tendrá vida, así como la planta o el pez se mantienen vivos en su origen.

El espíritu de liderazgo es un derivado natural del liderazgo del espíritu; es el estado de la mente o la actitud que emana de éste. Pero si somos separados de la Fuente de ese liderazgo del espíritu—cuando su Espíritu se haya ido de nuestras vidas—también somos separados de la actitud y del poder que debería fluir de nuestra naturaleza de liderazgo. Terminamos distorsionado nuestro liderazgo, en vez de reflejarlo a la luz de nuestra Fuente.

El liderazgo del espíritu es de inherente naturaleza del creado espíritu del hombre, el cual fue dado por el Espíritu de

La pérdida del liderazgo del espíritu

Dios con todo y sus cualidades, características y potenciales. El espíritu de liderazgo es la actitud y mentalidad que refleja una posición. Debemos entender que cuando el hombre se separó de su Fuente, no perdió el liderazgo del espíritu, sino que perdió el espíritu de liderazgo. En el siguiente capítulo, hablaremos sobre el impacto de nuestra desconexión con el espíritu de liderazgo.

El Espíritu de Liderazgo

Principios del capítulo

1. El "principio de la fuente y el recurso" es que un producto debe estar conectado a su fuente para su apropiado funcionamiento.

2. Cuando el Creador hizo varios aspectos de la creación, usó sólo un proceso. Pero cuando hizo a la humanidad, utilizó dos procesos: *creó* al hombre, pero *hizo* varón y hembra.

3. La fuente original del espíritu del hombre es el Espíritu del Creador, mientras que la fuente original de nuestros cuerpos físicos es el polvo de la tierra.

4. La esencia de ambos es el espíritu llamado "hombre", el cual reside en ellos".

5. La fuente es vital para el continuo bienestar de la descendencia o producto, porque es la autoridad y el sustentador de lo que produce.

6. La única manera para que un persona conozca su verdadera naturaleza, es regresar y reconectarse a su Fuente y ver de lo que está hecho.

7. Para la protección de la humanidad, el Creador estableció leyes naturales que correspondían con la naturaleza y bienestar de la humanidad. En vez de confiar que estos parámetros fueron establecidos para su bien, la humanidad se declaró independiente de su Fuente.

8. Cada vez que separe algo de su origen, las cosas salen mal porque el origen provee de todas las cosas siguientes: Identidad, propósito, concepto, mérito, valor, protección, mantenimiento, preservación, productividad, significado, vida.

9. Cada vez que el humano se rebela en contra de las leyes establecidas por el Creador, entonces, la muerte—la separación de la relación del hombre tenía con su Fuente—es el resultado natural.

La Pérdida del Liderazgo del Espíritu

10. Cuando la humanidad se desconectó de su origen de la creación, los resultados fueron devastadores. Los seres humanos perdieron su sentido de identidad, auto-valor, auto-concepto, como también de su sentido del valor y significado personal, su mundo y el universo. Básicamente, el hombre perdió el conocimiento de quién es, de dónde vino, qué es capaz de hacer, para dónde va y por qué existe

11. Si somos separados de la Fuente de ese liderazgo del espíritu—cuando su Espíritu se haya ido de nuestras vidas—también somos separados de la actitud y del poder que debería fluir de nuestro liderazgo natural.

12. El espíritu humano nunca puede conocer su naturaleza de liderazgo—su propósito, habilidad, potencial y poder—sin reconectarse con su Fuente.

CAPÍTULO SEIS

Liderar sin liderazgo

Su actitud es más poderosa que su reputación.

Imagínese que ha estado caminando por una carretera solitaria por dos días, sin comida o agua, y el sol está fogoso. De pronto, nota a la distancia que hay un pozo. Aunque esté cansado, corre con anticipación porque sabe que su sed será saciada. Sin embargo, cuando llega al pozo, mira una cuerda colgando del brocal pero sin cubeta. Muy dentro del pozo está lo que necesita para satisfacer su sed y sustentar su vida, pero no tiene acceso a ello.

Este es un panorama de la humanidad separada de su Fuente, el Dador de la vida. El liderazgo del espíritu existe muy profundamente en cada persona porque somos hechos a la imagen de nuestro Creador y tenemos un inherente espíritu de dominio. Pero no podemos manifestar totalmente este don en nuestras vidas porque no tenemos los recursos para el acceso. Hemos perdido el Espíritu del Creador, y hemos perdido nuestra conciencia del liderazgo del espíritu, así también la determinación de la mente que nos capacita para ejercerlo efectivamente. La carencia de la conexión de la humanidad

Liderar sin liderazgo

con el Espíritu del liderazgo del espíritu nos ha llevado a la pérdida del verdadero liderazgo en el mundo.

El impacto de la desconexión

Miremos más de cerca nuestro dilema a través de dos ilustraciones relacionadas. Primero, el agua es potencialmente una fuente de poder. Cuando es utilizada, puede mover maquinaria, como en un molino de agua. Sin embargo, para que esto suceda, (1) usted debe tener acceso al agua, y (2) debe tener la maquinaria en su lugar. Si no es capaz de utilizar el agua, o no tiene la maquinaria apropiada, entonces el molino no puede cumplir con su propósito. Es lo mismo con el espíritu de liderazgo.

El liderazgo del espíritu existe muy profundamente en cada persona.

La pérdida del espíritu de liderazgo, también es como comprar una nueva computadora que tiene todos los dispositivos para permitirle que ejecute programas y lleve a cabo sus funciones, pero sin tener la fuente de poder. Supongamos, entonces, que usted descubre una fuente de energía [poder] y la conecta. La computadora ahora está conectada y lista para ejecutar, pero todavía necesita de programas para que sea de uso práctico. Usted tiene el conocimiento de para qué fue diseñada la computadora y todos los componentes están listos para ser usados. El potencial está ahí, la habilidad está ahí, todo lo que el fabricante le puso está ahí, pero es casi como que no tiene computadora porque no puede hacer nada con ella.

Estos dos ejemplos ilustran la doble naturaleza de nuestro problema. Primero, aunque nuestro potencial como líderes

El Espíritu de Liderazgo

está todavía dentro de nosotros, hemos perdido la conexión con nuestra Fuente de propósito y poder. Segundo, aunque la conexión fuera reinstalada, a menos que obtengamos la "maquinaria" correcta o el "programa"—o sea, a menos que descubramos como es que un líder debe pensar y proceder (el espíritu de liderazgo)—todavía no seremos capaces de realizar nuestro potencial. Dicho simplemente, **el liderazgo del espíritu es el dispositivo inherente, y el espíritu de liderazgo es el programa necesario para que el dispositivo funcione.** Estaré hablando de estos dos conceptos cruciales en algunos de los siguientes capítulos.

La gran pérdida

En las Bahamas, donde vivo, estamos ubicados un área llamada la "zona de huracanes". De vez en cuando, estamos sujetos a la incontrolable fuerza de la naturaleza, ya que el fenómeno de los elementos conspira para recordarnos de nuestra vulnerabilidad. Durante la temporada de huracanes del año 2004, cuando los monstruo de los huracanes llamados Gene y Francis, iban uno tras del otro justo cruzando nuestro archipiélago, recuerdo lo impotente que me sentí. Mi esposa y yo hicimos todas las preparaciones y luego nos sentamos a esperar por el largamente anunciado arribo, con categorías de tormentas 4 y 5. Durante una de las tormentas, los vientos llegaron a nosotros como monstruos vivientes y estremecieron las ventanas ya recubiertas. De pronto, se fue la luz y nos quedamos sentados en la oscuridad.

Alcancé la linterna y revisé la habitación. Luego caminé por la casa oscura y revisé todo para asegurarme que los postigos estuvieran bien. Mientras examinaba las habitaciones con la linterna, noté muchos de los artículos que habíamos acumulado y que habían sido tan importantes para nosotros, pero que ahora estaban completamente inservibles: el televisor de pantalla grande, el VCR, el toca discos compacto, los aires acondicionados, las computadoras, las impresoras y otros "juguetes" de alta tecnología que habíamos comprado.

Me quedé en la oscuridad por un momento y pensé en todo el poder, potencial, beneficios, placer y funciones no explotadas atrapadas en cada uno de esos artículos que eran completamente inservibles y sin beneficio para mí en ese momento. Existían, pero no podían contribuir a mi situación actual en la vida. Estaban llenos de posibilidades, pero no podían dar nada. ¿Por qué? Porque se separaron de su origen, de su fuente de poder.

> EL HOMBRE ES UN CRIATURA PODEROSA LLENA DE POTENCIAL DIVINO QUE HA SIDO SEPARADO DE SU FUENTE DE PODER.

Luego ví un panorama real de la humanidad: una criatura poderosa llena de potencial divino, talentos, dones, habilidades, capacidades no exploradas, creatividad, ingenio y productividad, quien había sido separado de su fuente de poder. Ahora camina la vida terrenal mucho más bajo del privilegio y capacidad provistos, víctima de la ignorancia de quién es su Fuente y quién es él mismo.

La pérdida de nuestra Fuente de propósito y poder, ha llevado a una miríada de consecuencias negativas debido a la confusión que inevitablemente resultó. Las siguientes preguntas, han sido hechas por un sin número de generaciones, desde que Adán declaró la independencia de su Origen:

El Espíritu de Liderazgo

- ¿Quién soy?
- ¿De dónde soy?
- ¿Por qué estoy aquí?
- ¿Qué soy capaz de hacer?
- ¿Para dónde voy?

Estas cinco preguntas resumen la esencia de la lucha humana y son lo que, por años, he llamado, las preguntas del corazón humano. Ellas controlan todo lo que el ser humano hace, y es la motivación para todo el comportamiento humano. Todas nuestras actividades sociales, económicas, espirituales y relacionales, se derivan de la búsqueda de respuestas a estas preguntas. Hasta que hayan sido respondidas satisfactoriamente, no puede haber llenura personal y la vida no tiene significado. Estas preguntas dirigen los cinco descubrimientos más importantes en la experiencia humana: identidad, herencia, propósito, potencial y destino. Estas son el corazón de la lucha del liderazgo, y cuando son respondidas, dan origen al verdadero liderazgo.

¿QUÉ PERDIÓ EL HOMBRE?

Durante el huracán, mientras miraba a la computadora sobre el escritorio, noté que todavía estaba enchufada y que su caja física y sus partes todavía las tenía. También supe con razonable certeza que, los dispositivos y programas todavía estaban intactos. De nuevo, la única cosa que faltaba y que impedía su función y operación, era el poder eléctrico que sale de la fuente. Todo lo que el fabricante había prometido que la computadora podía hacer, no estaba disponible para llevarse a cabo porque no había electricidad [poder].

El hombre fue creado para funcionar conectado a Dios: podía cumplir con su potencial real y maximizar su total

Liderar sin liderazgo

capacidad sólo a través de esta conexión. La clave para el efectivo y exitoso vivir era el morar en el Espíritu de Dios—llamado Espíritu Santo. Por lo tanto, el Espíritu Santo, es la clave del verdadero liderazgo. El Espíritu es el componente crítico en cada existencia del humano porque es la única esperanza para el redescubrimiento de nuestra identidad, auto-imagen, auto-valor, importancia, auto-estima y destino.

Con la pérdida del Espíritu de Dios, perdimos nuestra conciencia del liderazgo.

De nuevo, con la pérdida del Espíritu de Dios de nuestro espíritu, automáticamente perdimos nuestra conciencia del liderazgo. Cada generación siguiente, desde la caída del hombre, ha divagado más y más lejos de este poder de liderazgo. No existe un verdadero liderazgo sin una reconexión con nuestra Fuente, y sólo el Espíritu Santo puede reconectarnos. Él nos da nuestra conciencia del liderazgo del espíritu y también la Fuente del espíritu de liderazgo.

Un esclavo real

Se cuenta la historia de un príncipe que nació en una gran familia real. Cuando el príncipe tenía cinco años, su padre el rey lo llevó de viaje hacia un país extranjero. Durante su viaje, el barco chocó con un arrecife y toda la tripulación y los pasajeros fueron lanzados a las olas embravecidas.

Durante el disturbio y esfuerzos de rescate, el pequeño príncipe fue rescatado por un nativo de una isla cercana. El rey no se percató del rescate, y el pequeño príncipe ahora estaba separado de su familia real. Se convirtió en un miembro de la villa y creció sin darse cuenta de su herencia real. Aprendió a pensar y vivir como los nativos y aceptó este estilo de vida como propia. En su pobreza y vida simple, no sabía que venía de una familia adinerada de alto nivel y que era descendiente del reino de su padre. En efecto, se hizo esclavo de la cultura, costumbres y estándares de la comunidad en donde se encontraba. Era un príncipe viviendo en condiciones empobrecidas. Él no sabía quién era, de dónde era, por qué había nacido, de qué era capaz o su derecho legítimo para llegar a ser rey. Vivía su vida mucho más bajo de sus inherentes privilegios, no sabiendo las respuestas de las preguntas cruciales de su vida: su identidad, herencia, propósito, potencial y destino.

Conocer las respuestas a estas preguntas fundamentales le da al ser humano significado y propósito. Sin las respuestas, la vida es nada más que un experimento. Estos resultados principalmente se deben a la desconexión del hombre con su Fuente y se manifiesta en la pérdida del original concepto propio o imagen, auto-valor, auto-estima y sentido de importancia de la humanidad.

Como mencioné anteriormente, cada actividad del hombre es el resultado de su intento por encontrar las respuestas a esas preguntas. Es la razón por la que nos embarcamos en el gran experimento humano para tratar de encontrar un sentido de identidad a través de nuestra relación con el mundo que nos rodea. Pienso que esto puede ser, el por qué el humano parece tener un deseo insaciable de explorar el espacio. Es una búsqueda apasionada por nuestro lugar en el esquema del universo. Es una manifestación de la profunda búsqueda humana por su importancia.

Es por esto que también estudiamos a los primates. Buscamos descubrir nuestro verdadero origen al encontrar conexiones perfectas con otros seres con quienes compartimos la tierra. Desafortunadamente, esta búsqueda nunca será satisfecha. No podemos saber quiénes somos solamente con relacionarnos a la creación, ya que la creación no es nuestro origen—el Creador es nuestro origen.

En su búsqueda por el significado, el hombre usa a la creación como el contexto para su búsqueda.

Es interesante que, en su búsqueda por relevancia e importancia, el hombre continúe usando a la creación como medida y contexto de su búsqueda. Sin embargo, es esencial entender que nunca podremos descubrir nuestro valor o propósito estudiando a la creación, sino sólo por medio de una relación con el Creador.

Sin embargo, debido a que somos inconscientes de nuestra naturaleza intrínseca de liderazgo natural, la persona común es fácilmente influenciada por cualquiera o cualquier cosa que parezca ser más fuerte que ella. Por ejemplo, en vez de que dominemos sobre la tierra, la tierra se ha convertido en nuestro dominador en algunas áreas. Algunas personas se permiten ser controladas por las drogas que provienen de las plantas. Otras están esclavizadas por el dinero, lo cual en realidad son árboles que se han convertido en papel y hecho en moneda. También hay otros que son controlados por las uvas que han sido fermentadas. Las vidas de las personas están siendo destruidas por lo que esencialmente es vegetación. Estas son señales de que hemos perdido nuestra conciencia y habilidad de liderazgo. Imagínese, un hombre sofisticado con su inmensurable potencial e intrincado diseño, siendo controlado por hojas y uvas. Esta es una tragedia y demuestra cuán

El Espíritu de Liderazgo

lejos hemos sido removidos de nuestra asignación de ejercer dominio sobre todas las cosas en la tierra.

Quiero volver a enfatizar que, no hemos perdido nuestro inherente liderazgo del espíritu. Lo que hemos perdido es nuestra *conexión* con el Espíritu del Creador, por quien tenemos una conciencia de nuestro intrínseco valor y nuestro liderazgo del espíritu, como también el poder para ejecutarlo. De nuevo, podemos pensar en el Espíritu del Creador como nuestro modo original "predeterminado". Si perdemos nuestra determinación original de la mente, entonces creeremos lo que sea introducido en nuestro disco duro, en vez de la verdad sobre quienes somos realmente. Para usar otra analogía, el liderazgo del espíritu ha sido oscurecido por el humo de nuestro contexto social y cultural, y nos hemos convertido en víctimas de las nebulosas opiniones de los "expertos" quienes realmente conocen muy poco acerca de nosotros.

No fuimos creados para ser esclavos de las opiniones de otras personas, nuestras propias pasiones o naturaleza (creación). Con todo, el hombre se ha convertido como en animales porque ahora vive por instinto, en vez de discernimiento. Es por esto que la humanidad como un todo, nunca recobró su conciencia del liderazgo. Algunas personas—vimos ejemplos de ellos en el capítulo dos—vislumbran sus realidades y principios, y los aplican para un liderazgo eficaz, pero el completo espíritu de liderazgo no es todavía una realidad en la mayoría de las vidas de las personas.

En esencia, el príncipe es el liderazgo del espíritu atrapado en la cultura y costumbres de un mundo que esconde y oprime su verdadero espíritu de liderazgo. Es simplemente, un esclavo real que fue diseñado para gobernar pero, ha estado atrapado en subyugación—un líder atrapado en un seguidor.

Liderar sin liderazgo

Un rey ignorante

Otro resultado de la desconexión es que, fuimos diseñados para gobernar pero, nos hemos convertido en reyes ignorantes. No sólo es que, no sabemos quiénes somos, de dónde vinimos y de lo que somos capaces, sino que también, no sabemos cómo usar los recursos que el Creador nos ha dado.

Nuestros cerebros están compuestos por millones de células, pero usamos sólo una fracción de nuestro potencial intelectual. Nuestros cuerpos están complejamente diseñados, pero muchos de nosotros usamos nuestro poder físico y creatividad para destruir en vez de construir. Los usamos para la violencia, el abuso, la corrupción, el crimen y muchas otras cosas destructivas. ¿Por qué una inteligente y maravillosa criatura como el humano, asesina a su hermano o hermana, abusa a su cónyuge o comete incesto en contra de su propio hijo? Estas cosas pueden ser inconcebibles para la humanidad en su estado original. Pero, por causa de la desconexión, se han convertido en una realidad.

Aunque fuimos diseñados para gobernar, nos hemos convertido en reyes ignorantes.

Salmos 82, en el Antiguo Testamento, nos da un comentario intrigante de la condición humana. En este salmo, el Creador está hablando e inicia interrogando a la asamblea de los "dioses", con referencia a la condición del humano como un ser que, aunque no es igual a Dios, ha sido creado a la imagen y semejanza de Dios.

Dios está en la reunión de los dioses; en medio de los dioses juzga. ¿Hasta cuándo juzgaréis injustamente, y aceptaréis las personas de los impíos? Defended al débil y al huérfano; haced justicia al afligido y al menesteroso. Librad al afligido y al necesitado; libradlo de mano de los impíos. No saben, no entienden, andan en tinieblas; tiemblan todos los cimientos de la tierra. Yo dije: Vosotros sois dioses, y todos vosotros hijos del altísimo; pero como hombres moriréis, y como cualquiera de los príncipes caeréis. Levántate, oh Dios, juzga la tierra; porque tú heredarás todas las naciones.

El Creador pregunta: "¿Hasta cuándo juzgaréis injustamente, y aceptaréis las personas de los impíos? [Usted debería] defended al débil y al huérfano; haced justicia al afligido y al menesteroso. Librad al afligido y al necesitado".

Luego el Creador explica la causa del comportamiento del humano: "No saben, no entiende, andan en tinieblas; tiemblan todos los cimientos de la tierra". Las tinieblas se refieren a la ignorancia de la verdad, lo que resulta en malas acciones. Debido a su falta de justicia, las bases de la tierra se han movido de su lugar. Y agrega diciendo: "Vosotros sois dioses, y todos vosotros hijos del altísimo; pero como hombres moriréis, y como cualquiera de los príncipes caeréis".

Algunos eruditos dicen que el término "como hombres", se refiere a la carne y esto quiere decir el vivir en la base del instinto animal. Los perros no tienen habilidades cognitivas complejas; tienen instintos. El Creador está básicamente diciendo: "Yo no te hice así. Tú no eres animal. Estas en la "clase de dios": Fuiste hecho a mi imagen y semejanza y posees mi naturaleza y características, y, por lo tanto, creado para gobernar con justicia".

Liderar sin liderazgo

Compare esta perspectiva al comportamiento humano, y verá que el humano se ha degenerado para llevar a cabo actividades inhumanas. Además, esta descripción de lo pasa cuando los humanos no están en contacto con su Fuente, es una ilustración explícita de nuestro dilema del liderazgo en la actualidad.

Si lee las preguntas y declaraciones en este salmo, reconocerá la semejanza de hoy. "¿Hasta cuándo juzgaréis injustamente?" En otras palabras, en sus cortes, el criminal sale libre y las víctimas son humilladas. Esto es porque, ustedes no están en contacto consigo mismos. Ni siquiera pueden ver la maldad en su manera de hacer las cosas. Ustedes se han corrompido tanto; persiguen el dinero en vez de seguir la santidad o la justicia.

"¿Hasta cuándo aceptaréis las personas de los impíos?" Se le da más excepción de impuestos al avaro, pero se le impone al pobre más de lo que puede pagar. Eso es mostrar parcialidad.

"Defended al débil y al huérfano". Usted no cuida de los huérfanos. Usted llena su estómago con comida, pero deja a los niños que duerman debajo de los puentes.

"Haced justicia al afligido y al menesteroso". Usted no defiende al pobre; usted lo oprime. Todas estas preguntas exigen un liderazgo eficaz, competente y compasivo.

El salmista dice que todo lo que esta sucediendo se debe a que las personas ignoran quiénes son realmente: Imagen de Dios. Es por eso que pienso que, el término "rey ignorante" es muy válido. Este término explica por qué el liderazgo de nuestras naciones es tan débil e inepto, y, algunas veces, brutal y despiadado. Esto es por nuestra separación de nuestra Fuente. Nuestro Creador dice: "¿Qué estás haciendo? Eres completamente lo opuesto para lo que te destiné".

La humanidad se ha convertido en un reino de reyes ignorantes viviendo con una mentalidad de complejo de inferioridad. Es desde este contexto que muchos de nuestros líderes emergen y atentan liderarnos hacia un "futuro mejor". Deseamos líderes que piensen como verdaderos líderes.

Enfermedad mental

Sin embargo, el mayor impacto de la desconexión, es lo que llamo "daño mental" o "enfermedad mental". Lo esencial de esta idea es que nos hemos convertido en lo que pensamos que somos. La cosa más poderosa que un humano tiene sobre la tierra, en mi opinión, son sus pensamientos. La mente en sí, sólo contiene pensamientos; por lo tanto, los pensamientos son más importantes que la mente. **Es su pensamiento lo que determina su vida.**

Deseamos líderes que piensen como verdaderos líderes.

Parece ser que la mayoría de la raza humana está sufriendo de enfermedad mental, y es una epidemia entre la mayoría de nuestros líderes de hoy. Probablemente sea difícil para usted considerar que la mayoría de nuestros jefes ejecutivos, administradores, gerentes, líderes religiosos, educadores, héroes deportivos, científicos y abogados están sufriendo de un tipo grave de enfermedad mental, pero a la luz de para lo que originalmente fuimos creados, esto es una realidad.

LIDERAR SIN LIDERAZGO

Algunos de nuestros líderes motivacionales están mentalmente afectados. Muchas de nuestras nuevas celebridades sufren de enfermedades mentales. Nuestras legislaturas estatales, asambleas, congresos nacionales, parlamentos y cortes supremas, son incubadoras de enfermedad mental.

No me estoy refiriendo a las personas que está en un asilo psiquiátrico. Cuando aplico el término *enfermedad mental*, no me estoy refiriendo a la definición médica de estar discapacitado psicológicamente del total juicio en relación a lo que llamamos "normal" en nuestras sociedades. En el contexto de nuestra discusión, me refiero al inherente defecto mental en todo ser humano que resultó de la separación de nuestro Creador-Fuente. Me refiero a la confusión que todos enfrentamos con referencia al descubrimiento de nuestra identidad, auto-valor, auto-imagen, autoestima y sentido del destino.

Hombres y mujeres de cada nación, raza cultura, clase social y contexto socioeconómico, parecieran estar haciendo todo lo imaginable para realizar sus deseos profundos para encontrar su propósito, importancia, valor y mérito. Un estudio de nuestras sociedades modernas y postmodernas revelará que, no importa cuán sofisticados pudiéramos creer ser, siempre estamos obsesionados por una pasión por saber quiénes *somos* realmente. Muchos incluso han tratado conductas destructivas para hallarle algún sentido de sus vidas.

- Tienen poder sin propósito.
- Tienen dinero sin significado.
- Tienen posición sin una pasión por vivir.
- Tienen casas pero no hogares.
- Tienen hijos pero no está nutriendo a sus hijos e hijas.

El Espíritu de Liderazgo

- Protegen a los animales, pero matan a seres humanos nonatos.
- Buscan poder a expensas de los principios.
- Sacrifican la integridad por placeres temporales.

Estas maneras de pensar y vivir, manifiestan un extraño tipo de enfermedad mental, el cual hemos llegado a aceptar como normal. Algunas veces pienso que la mayoría de las personas en los asilos psiquiátricos están más cuerdas que muchos de nosotros porque, por lo menos, generalmente creen en sus mundos. Las personas que realmente, muy profundamente, no cree en lo que hacen, pero lo hacen de todas maneras, las que están mucho pero.

Muchas personas en asilos psiquiátricos pueden estar más cuerdas que muchos de nosotros.

¿No es sorprendente que muchos de nosotros vamos todos los días a trabajos que odiamos, vivimos con personas con las que no nos relacionamos, protestamos por cualquier cosa sin hacer cambios, continuamos haciendo las mismas cosas una y otra vez—pero esperamos resultados diferentes? Exageramos nuestros logros, pretendiendo ser más de lo que somos, nos escondemos detrás de las imágenes falsas de nosotros mismos y creemos en nuestras reputaciones más que en nuestros caracteres reales. ¿Estamos cuerdos?

El resultado de la enfermedad mental es nuestro propio odio, auto-denigración, auto-decepción (negando la verdad sobre nosotros mismos y mintiéndonos a nosotros mismos), temor (temor al fracaso, al éxito, a lo desconocido, sospecha general de otras personas, desconfianza en Dios), ignorancia

Liderar sin liderazgo

de la identidad personal, ignorancia de la habilidad personal, ignorancia del propósito personal, ignorancia de un sentido del destino y una mentalidad de supervivencia (realmente no nos vivimos—solamente existimos).

De la única cosa que las personas mentalmente enfermas están seguras, es de la muerte. Viven en incertidumbre con respecto a todo lo demás. Es por eso que son muy sospechosos y desconfiados de los demás. No obstante, es de este tipo de mentalidad de donde cultivamos a nuestros líderes. Necesitamos ayuda. (A propósito, los locos nunca admiten su locura, así es que si está en desacuerdo con este análisis, entonces, ¡talvez califique!).

El rey Salomón, el rey más sabio que haya existido, escribió esta declaración en Eclesiastés, su libro acerca de la vida efectiva y los retos de la vida:

> Hay un mal que he visto debajo del sol, a manera de error emanado del príncipe; la necedad esta colocada en grandes alturas, y los ricos están sentados en lugar bajo. Vi siervos a caballo, y príncipes que andaban como siervos sobre la tierra....¡Ay de ti, tierra, cuando tu rey es muchacho, y tus príncipes banquetean de mañana!

Aquí, Salomón el gran líder, nos advirtió que el hogar, la compañía, el salón de clases, la comunidad o la nación que está bajo el liderazgo de alguien que tiene mentalidad de esclavo, están en gran peligro. Su declaración también implica que estar en una posición de liderazgo, en sí, no garantiza salud mental. En esencia, usar una corona no cambia su mentalidad. **Nada es más peligroso que el poder en manos de alguien que sufre de un sentido de inferioridad**

El Espíritu de Liderazgo

mental. La fórmula para la opresión es el poder sin salud mental.

La fórmula para la opresión es el poder sin salud mental.

Ahora, ¡imagínese a una persona que esté a cargo de su vida! Debido a que la humanidad en su totalidad está sufriendo de enfermedad mental, el resultado es que estas *son* las personas que elegimos como líderes. Estas son las personas que nos gobiernan—ya sea como gerentes, supervisores, jefes ejecutivos, jueces, jefe del pueblo, maestros de escuelas, profesores de colegios, presidentes o primeros ministros de un país. ¡Ellos están mentalmente afectados, aún así están a cargo de decenas, cientos, miles o millones de personas! En esto se resume la crisis del liderazgo mundial.

Podemos creer sólo lo que conocemos

Una vez más, la causa de nuestra enfermedad mental es nuestra separación de nuestra Fuente. Debido a que ignoramos quiénes somos, por qué estamos aquí, de dónde vinimos, qué somos capaces de hacer, para dónde vamos y cuál es nuestro destino; nuestra confusión nos produce problemas mentales. Lo alarmante es que nuestro estado mental es el origen de nuestras actitudes, ya que nuestros pensamientos y creencias generan estas actitudes.

El peligro con esta situación es que todo lo que sabemos es lo que hemos aprendido, pero todo lo que hemos aprendido no es todo lo que debemos conocer. Si lo que hemos aprendido no es verdad, todavía nos regiríamos por ello, pues *pensamos* que eso es verdad. Vivimos y regulamos nuestras vidas basados

Liderar sin liderazgo

en lo que creemos, y creemos en lo que hemos oído. Entonces, nuestras creencias se convierten en nuestra filosofía, y, nuestra filosofía controla y regula nuestras vidas y nuestro liderazgo.

Generalmente, una sociedad no puede producir un líder mejor que ella misma, porque ese líder usualmente obtiene su creencia de la sociedad. Por lo tanto, básicamente, nombramos a las personas que no son más cuerdos que nosotros para liderarnos y guiarnos. Cada sociedad debería revisar constantemente la fuente de la información por medio de la cual está viviendo.

> GENERALMENTE, UNA SOCIEDAD NO PUEDE PRODUCIR UN LÍDER MEJOR QUE ELLA MISMA.

¿De dónde vienen nuestras creencias? La palabra *creer* en el idioma griego es *pistis*.[28] *Pistis* es la palabra que traducimos como "fe". Cada ser humano tiene fe—todos los siete billones de nosotros. Aun el ateo tiene fe. Él cree que no hay Dios, así es que tiene fe en que no hay Dios. La pregunta es, ¿de dónde provienen nuestras creencias o fe? Provienen de algo que oímos, imaginamos o que se nos fue enseñado.

Nuestro liderazgo actual es un producto de los pensamientos de nuestros líderes, y, por consiguiente, el adagio es verdad: "como el hombre piensa en su corazón [en el subconsciente], así es". Cuando quiera estudiar a los líderes y sus liderazgos, no estudie sus apariencias físicas o comportamiento. Estudie sus corazones. Encuentre de dónde obtuvieron sus pensamientos e ideas.

Hitler fue simplemente la manifestación de la filosofía de su corazón. Fue el producto de varias influencias, como de

El Espíritu de Liderazgo

los maestros que tuvo, los libros que leyó, su familia, amigos y sociedades, y, sus actitudes acerca de sus experiencias en la vida. Sus pensamientos vinieron de su creencia, su creencia pasó a ser su filosofía, su filosofía llegó a ser su vida y, desafortunadamente, vivió su filosofía con una influencia distorsionada de liderazgo.

Pablo, el líder del primer siglo, dijo que la fe, o la creencia proviene del oír algo. Necesitamos mantenernos escuchando las palabras de nuestro Creador. ¿Por qué? Nuestro oír necesita estar en sintonía con nuestra Fuente para que nuestras creencias estén basadas en la información original, en la verdad. De nuevo, el único que conoce la verdad sobre un producto es el fabricante. Todo lo demás es una opinión, idea o sugerencia. Si queremos un liderazgo fructífero, entonces nuestros líderes deben originar su fuente de fe en la verdad. La información original se encuentra sólo en la mente del fabricante quien lo creó.

El líder limitado

Existen tres tipos de limitaciones en la vida. Primero, hay limitaciones que son impuestas por fuerzas externas. Segundo, hay limitaciones que son inherentes en el propósito y diseño de una entidad creada. Pero, lo más importante es, que hay limitación que es el resultado de la ignorancia y creencia defectuosa. Esta es el peor tipo de limitaciones porque es auto-sostenida y preservada. Es determinada por nosotros y no por otros. En esencia, **lo que no conocemos sobre nosotros mismos nos limita.**

Somos los líderes, pero estamos limitados porque no conocemos la verdad sobre nosotros mismos debido a nuestra desconexión de nuestra Fuente. Cuando Jesucristo, el máximo

Liderar sin liderazgo

líder, estuvo en la tierra, Él enseñó ciertas cosas para reconectarnos a la verdad. Por ejemplo, constantemente animó a Sus discípulos a hacer más de lo que pensaron que eran capaces de hacer. Él continuó moviéndolos más allá de los límites de su pensamiento porque sus actitudes eran limitadas por sus pensamientos.

Los líderes están limitados por el alcance de su conocimiento de la verdad acerca de ellos mismos y el mundo. El único que conoce la verdad sobre todas esas cosas es Aquel que los creó. No estamos realizando nuestro liderazgo potencial porque estamos sufriendo de daño mental que resulta de nuestra ignorancia de la verdad acerca de nosotros mismos y de la creación. Hemos distorsionado las creencias porque no hemos sido reconectados a la verdad, sobre nosotros mismos.

La respuesta: Debemos, de alguna manera, ser restaurados a nuestra Fuente. El volver a obtener el espíritu de liderazgo es redescubrir y capturar el conocimiento escondido acerca de usted mismo y de cómo apropiarse de ese conocimiento en su diario vivir. Usted es un líder por naturaleza y por diseño; debe descubrir la mentalidad que liberará a ese líder.

El Espíritu de Liderazgo

Principios del Capítulo

1. La doble naturaleza del dilema de la humanidad es (1) aunque nuestro potencial como líderes está todavía dentro de nosotros, hemos perdido nuestra conexión con nuestra Fuente de propósito y poder. (2) aunque la conexión fuera reinstalada, a menos que descubramos como es que un líder debe pensar y proceder (el espíritu de liderazgo)— todavía no seremos capaces de realizar nuestro potencial.

2. La pérdida de nuestra Fuente de propósito y poder, ha llevado a una miríada de consecuencias negativas debido a la confusión que inevitablemente resultó.

3. Conociendo las respuestas a las preguntas: "¿Quién soy?" "¿De dónde soy?" "¿Por qué estoy aquí?" "¿Qué soy capaz de hacer?" "¿Para dónde voy?", d significado y propósito al ser humano.

4. Cuando no sabemos la verdad sobre nosotros mismos, sólo estamos experimentando con nuestras vidas.

5. Cuando los seres humanos tratan de encontrar el significado de la vida, con frecuencia buscan obtener su identidad a través de la relación con el mundo que les rodea. Nunca podremos descubrir nuestro valor o propósito estudiando a la creación, sino sólo por medio de una *relación* con el Creador.

6. Un resultado de nuestra desconexión con el Creador es que no sabemos cómo usar los recursos mentales y físicos que nos ha dado. Los usamos para cosas destructivas como: violencia, abuso, manipulación, corrupción y crimen.

7. El mayor impacto de la desconexión, es que nos hemos convertido en lo que pensamos que somos.

8. La cosa más poderosa que un humano tiene sobre la tierra, son sus pensamientos. Es su pensamiento lo que determina su vida.

9. El resultado de un pensamiento confuso es nuestro propio odio, auto-denigración, auto-decepción (negando la verdad sobre nosotros mismos y mintiéndonos a nosotros mismos), temor, ignorancia de la identidad personal, ignorancia de la habilidad personal, ignorancia del propósito personal, ignorancia de un sentido del destino y una mentalidad de supervivencia

10. Creemos lo que hemos oído y aceptado como verdad. Entonces, nuestras creencias se convierten en nuestra filosofía, y, nuestra filosofía controla y regula nuestras vidas y nuestro liderazgo

11. Generalmente, una sociedad no puede producir un líder mejor que ella misma, porque ese líder usualmente obtiene su creencia de la sociedad.

12. Los líderes están limitados por el alcance de su conocimiento de la verdad acerca de ellos mismos y el mundo.

13. El hogar, la compañía, el salón de clases, la comunidad o la nación que está bajo el liderazgo de alguien que tiene mentalidad de esclavo, están en gran peligro.

14. Cuando quiera estudiar a los líderes y sus liderazgos, no estudie sus apariencias físicas o comportamiento. Estudie sus corazones. Encuentre de dónde obtuvieron sus pensamientos e ideas.

15. Para restaurar el espíritu de liderazgo, nuestro oír necesita estar en sintonía con nuestra Fuente para que nuestras creencias estén basadas en la verdad.

Capítulo siete

La restauración del liderazgo del espíritu

Los propósitos del Creador para el humano son permanentes.

En esta obra, he presentado mi posición de que cada humano fue creado con potencial de liderazgo y capacidad de gobernabilidad, pero pocos descubrirán este latente poder y todavía, muy pocos lo liberarán o manifestarán. La pregunta es, ¿por qué? ¿Por qué es el liderazgo tan difícil de desarrollar y manifestar en nuestra generación?

Creo que la respuesta no es la falta de materia prima o potencial sino la ausencia de información correcta, entrenamiento y un ambiente conducente para producir la mentalidad, la determinación y las actitudes necesarias para que este liderazgo potencial sea encendido. Este es *el espíritu de liderazgo*. **El verdadero liderazgo tiene más que ver con la determinación de la mente que con los métodos y técnicas.**

En la historia que abrió esta discusión, el joven león, que pensó que era oveja y que vivió como una de ellas, llegó al momento de decisión en el cual tenía que convertirse en él

La restauración del liderazgo del espíritu

mismo, o vivir por siempre en un mundo que no estaba diseñado para él. El joven león, como recordará, tomó su decisión y volvió su espalda a la comodidad y seguridad de la finca. Siguió a la gran bestia hacia el bosque y fue restaurado a su destino, realidad y personalidad propios. Este es el desafío de toda la humanidad—restauración de sí misma.

El verdadero liderazgo tiene que ver más con la determinación que con los métodos.

A pesar de la declaración de independencia de la humanidad de su Fuente y manifestación del resultado trágico y doloroso de esta rebelión, el Creador no ha cambiado Su pensamiento acerca de Su propósito original para nosotros. Él está apasionadamente comprometido para que nuestro ser sea reconectado con Él por dos razones principales: (1) Somos hechos a su imagen y no quiere que Su imagen sea distorsionada o deshonrada en el mundo, y (2) Sus propósitos son permanentes; siempre ha cumplido con lo que originalmente nos determinó que hiciéramos.

La permanencia del propósito

Como lo hemos leído en el texto original de la narración de la creación, el propósito de la creación del hombre fue tener dominio sobre la tierra como gobernante del entorno. El hombre fue creado para ser líder y fue diseñado con la habilidad para manifestar su liderazgo natural. El pasado y el futuro de la humanidad es el liderazgo. El liderazgo es su destino.

El Creador está comprometido a realizar sus propósitos en nosotros, el cual inició en el momento que nos creó. Para que Él realice lo que se propuso originalmente para nosotros, primero tiene que reconectarnos a Él. Su intención original para el humano es la motivación detrás de Su plan de restauración y todas Sus interacciones con nosotros.

El mandato del liderazgo colectivo

En este libro, nuestra filosofía del liderazgo está basada en el precepto de que todo humano fue creado para ser líder. De nuevo, si esta proposición es aplicada al concepto tradicional del liderazgo, el cual define liderazgo como la autoridad, el control o movilizante de las personas, entonces la pregunta obvia es, "¿quiénes serán los seguidores?" Sin embargo, nuestro principio está derivado del mandato establecido por el Creador cuando dijo: "Y señoree ["tenga dominio"]...en toda la tierra". Hay una cantidad de implicaciones importantes en este mandato que deben ser considerados cuando discutimos el propósito y la asignación del humano. Revisémoslos:

1. La palabra *dominio* significa regir, controlar, dominar y liderar.
2. El comando para dominio, específicamente se refiere al domino sobre la naturaleza, no sobre los seres humanos.
3. El mandato para dominar, regir y liderar fue dado a todas las especies humanas (*"y señoree"*) y por lo tanto coloca a cada humano en la posición de liderazgo.

Las implicaciones de estas verdades son tremendas y críticas. ¿Cada uno, un líder? ¿Cómo puede ser ésto? Se hace más claro cuando realmente llegamos a entender que el mandato fue para que el humano domine a los peces, los pájaros, las plantas, los animales y a todo el entorno de la tierra, pero no a sus seguidores.

La restauración del liderazgo del espíritu

Este maravilloso mandato fue el resultado del propósito del Creador para que el humano sea el reflejo de un liderazgo colectivo—es decir, una nación de reyes, una compañía de gobernantes. Entonces, viene la pregunta "¿Cómo funciona este tipo de liderazgo?" La respuesta está en el concepto del principio del liderazgo de servicio.

Cada ser humano viene a la tierra con un específico don, talento y fuerza de habilidad. Cada uno debe servir a los demás con su don particular, a través del dominio de los recursos materiales de la creación, y, de esta manera, convertirse en siervo de todos los demás. Él o ella se convierten en líderes en esa área específica de fortaleza.

> Dios es descrito como el Rey de reyes,
> no como Rey de esclavos.

Así como miramos anteriormente, este principio del liderazgo de servicio fue expresado por el máximo líder, Jesucristo, cuando se le preguntó sobre la posición del liderazgo. Asimismo, el diseño del Creador, para un liderazgo colectivo, puede ser resumido en la frase "cada persona es un líder". Todo ser humano, de acuerdo al mandato del Creador, fue diseñado por Él, para ser un líder en un área de talentos.

Debemos entender esta verdad si vamos a realizar el propósito del Creador: El mandato de tener dominio sobre la tierra fue dado a toda la humanidad. No fue dado para unas cuantas personas selectas, y no fue dado sólo a los varones. Ambos, varones y mujeres son líderes, de acuerdo a nuestro Creador. Dios es descrito como Rey de reyes. El no es Rey de esclavos sino de gobernantes que reinan con Él de acuerdo

El Espíritu de Liderazgo

a su propósito. Su plan para la humanidad es que cada uno sea un rey—un gobernante sobre un área de talentos en la creación.

Clifford Pinchot, un orador y consultor sobre innovación de gerencia, es el autor del libro de mejor venta *Intrapreneuring: Why You Don't Have to Leave the Corporation to Become an Entrepreneur,* (Intraempresariando: ¿Por qué no dejar la corporación y convertirse en un empresario?). También es autor contribuyente en *The Leader of the Future* (*El Líder del Futuro*), publicado por la fundación Drucker. Pinchot señaló el concepto del liderazgo colectivo en su obra titulada *Creating Organizations with Many Leaders* (*Creando Organizaciones con Muchos Líderes*): "Los líderes efectivos de hoy, usan las herramientas de la construcción comunitaria para crear un ambiente en el cual muchos líderes pueden surgir. Ellos contribuyen a la inspiración de descripciones de una visión compartida para alinear las energías de cada uno....La organización del futuro será una comunidad de empresarios".[29]

Al haber leído muchas ideas exploradas e introducidas por expertos en liderazgo y gurus de hoy, me asombra que muchas de sus supuestas nuevas ideas, son simplemente ideas antiguas que, por miles de años han sido indicadas en los textos de los antiguos escritos de las Escrituras. El Creador siempre pensó que todos los hombres—hombres y mujeres—fueran líderes en sus áreas específicas de talentos y servicio al mundo, como una nación de gobernantes. Talvez esta sea la noción detrás de la designación de Jesucristo en su perfecta relación con el humano como el "Rey de reyes". Él es el Gobernante de los gobernantes, el Líder de los líderes. Esta es la esencia del liderazgo colectivo.

La restauración del liderazgo del espíritu

El programa para reparar—Reconexión con la Fuente

Cuando la humanidad perdió el espíritu de liderazgo, el resultado fue el declive espiritual, mental y físico. Los seres humanos fueron desconectados del Espíritu de Dios, quien les capacita para conocer los pensamientos de su Creador. No tienen otro lugar de dónde obtener sus pensamientos, de manera que lo obtuvieron por ellos mismos y de su entorno. Así es como el hombre ha vivido desde entonces—de sus propios pensamientos, de los pensamientos de sus contemporáneos y del engaño de sus adversarios. ¡Qué combinación para la edificación de nuestro corazón!

El programa del Creador, para reparar, es reconectar al humano con Él. Le llamaremos a esta reconexión "restauración redentora". En su fondo, toda la historia de la Biblia es sobre el Fabricante reacomodando su producto para realizar Su propósito original.

La prognosis del Creador sobre nuestra condición, es realmente muy diferente de lo que usualmente pensamos que es. No fue tanto como un problema "religioso" en sí, sino un problema del pensamiento. Por lo tanto, Él envió la Palabra (Sus pensamientos) a la tierra para corregir y redirigir nuestro pensamiento. Juan el escritor del primer siglo escribió:

> En el principio era el Verbo, y el Verbo era con Dios, y el Verbo era Dios. Este era en el principio con Dios. Todas las cosas por él fueron hechas, y sin él nada de lo que ha sido hecho, fue hecho. En él estaba la vida, y la vida era la luz de los hombres. La luz en las tinieblas resplandece, y las tinieblas no prevalecieron contra ella....Aquella luz verdadera, que alumbra a todo hombre, venía a este mundo.

El Espíritu de Liderazgo

La palabra griega que es traducida como *"Verbo"* en este pasaje es *logos*, que significa "expresión divina".[30] Jesús es Dios expresándose a Sí mismo y Su propósito ante nosotros. El Creador nos envió Sus pensamientos. Cuando alguien está enfermo y el doctor dice un diagnóstico, el resultado del diagnóstico le dice la medicina que va a prescribir. Por lo tanto, la prescripción de Dios de enviar Su pensamiento expresado, indica que él se consideró ser la fuente y la causa del problema de la humanidad: un problema defectuoso del pensamiento.

En el análisis final, nuestro pensamiento crea nuestras vidas. Jesús vino a regresarnos los pensamientos originales que perdimos cuando nos rebelamos en contra de nuestra Fuente. Cuando nuestros pensamientos sean corregidos, nuestras actitudes serán transformadas porque nuestro pensamiento original será restaurado. Esto encenderá nuestro liderazgo del espíritu y nos capacitará para realizar nuestro potencial liderazgo.

Nuestro pensamiento crea nuestras vidas.

Esta es la razón por la cual Jesús, en los tres años y medio, se sentó con Sus discípulos estudiantes—que incluían a aquellos hombres de negocios que poseían una compañía de pesca: Pedro, Andrés, Jacobo y Juan—y los retó a cambiar sus pensamientos enseñándoles el camino a los pensamientos del verdadero líder.

El Agente autorizado—Jesús

Hace algunos años, compré una nueva computadora portátil y quedé intrigado al leer el manual del usuario. Toda la información usual estaba ahí, pero lo que me llamó

La Restauración del Liderazgo del Espíritu

la atención fueron las últimas páginas al final del folleto. Estas páginas trataban sobre los temas de la autorización y garantía, y, la estipulación concernientes al uso de sólo un agente autorizado. El principio era claro: La compañía reconocía sólo el trabajo de un agente autorizado con referencia a las reparaciones, y, cualquier violación de este acuerdo cancelaría la garantía.

Cuando un fabricante indica el tema de la reparación de un problema con su producto, tiene sus agentes autorizados para arreglar la situación porque ellos representan al fabricante y están familiarizados con el producto. El mismo principio se mantiene en el caso de la caída del hombre y la relación con su Creador. El Creador envió a su único Agente Autorizado para darnos la información original sobre nosotros mismos y para reparar nuestra relación dañada con el Fabricante.

La venida de Jesús a la tierra fue más una transacción de negocio, que una actividad religiosa.

La venida de Jesús a la tierra, no fue tanto como una actividad religiosa, más bien como una transacción de "negocio". Su "trabajo" era, hacer todo lo que fuera necesario para reconectar al humano con su Fuente. Siguiendo nuestra analogía anterior, Jesús vino a restaurar el poder a la "computadora"— Él restauró el Espíritu del Creador en nuestras vidas y nos dio una nueva conciencia de nuestro propósito. Ahora tenemos el poder de convertirnos en lo que fuimos creados para ser. Él restauró nuestros "discos duros".

Anteriormente, leímos que "el Verbo era Dios". Dios se envió a Sí mismo para darnos la información verdadera sobre nosotros mismos. Jesús dijo: "Y conoceréis la verdad [a través

El Espíritu de Liderazgo

de la Palabra], y la verdad os hará libres". A través de la Palabra, somos libres de todos los conceptos erróneos y enfermedades mentales que resultaron de nuestra desconexión.

Una de las declaraciones que Jesús hizo muchas veces antes que explicara algo, era: "De cierto os digo". Si quiere conocer la verdad y la actitud que debería tener de usted mismo, debe escuchar las palabras de Jesús dichas sobre usted. Necesitamos la verdad, y Él es el medio para ello. El dijo: "Yo soy el camino, la verdad y la vida". Lo leo como: "Yo soy el camino a la verdad que te da vida". Poniéndolo de otra forma, Él es la fuente de la información que nos hace volver a vivir.

Juan continúa diciendo: "En él estaba la vida, y la vida era la luz [el conocimiento] de los hombres". Jesús vino para dar vida. Nunca vive realmente hasta que obtiene la información verdadera sobre usted mismo. "La luz en las tinieblas resplandece, y las tinieblas no prevalecieron contra ella". *Las tinieblas* se refiere a la ignorancia, mientras que *la luz* denota el conocimiento. Jesús conoce la verdad sobre nosotros—Él sabe quiénes somos realmente—y está diciendo que: "Mientras más conozca lo que conozco de ti, más activo serás".

"Aquella luz verdadera, que alumbra a todo hombre, venía a este mundo". Jesús conoce la verdad sobre cada ser humano que está vivo. Es por eso que vamos a Él para la restauración. No es para "obtener religión", sino para redescubrir nuestra Fuente y nuestra propia personalidad.

El programa para reprogramar—El regreso del Espíritu del Creador

El espíritu humano perdió su conexión con el Creador, la presencia de su Espíritu en nuestras vidas. Cada acto del Agente Autorizado conllevaba un programa muy intrincado

La restauración del liderazgo del espíritu

que requería de ciertas cosas para que la conexión fuera restaurada. Primero, la rebelión de la humanidad tenía que ser resuelta porque, recuerde que, la rebelión resultó en una penalidad: muerte espiritual. Usted no puede cancelar un penalidad—alguien debe pagar por ella. Por lo tanto, el Agente Autorizado tomó esa penalidad sobre Sí mismo. La muerte suplente del Agente Autorizado fue para satisfacer las exigencias de las penalidades por la rebelión del hombre.

Este fue el propósito del sufrimiento y muerte de Cristo. Estos no concluían en sí mismos, sino que eran los medios para que nosotros fuéramos reconectados y restaurados totalmente con el Creador. Siendo así, este Espíritu está disponible para cada ser humano de cada generación. El Agente Autorizado pagó la multa, proveyó total perdón y reparó lo daños internos. Fuimos responsables y debíamos pagar, pero no tuvimos la habilidad de hacerlo. Nunca hubiéramos sidos restaurados sin Su intervención. Después del reparo, la meta del Agente Autorizado era restaurar el Espíritu en los vasos que ya estaban listos para recibirlo.

Lo último que Jesús prometió al humano no fue el cielo sino el poder.

Lo último que Jesucristo prometió al humano no fue el cielo, sino el poder: "Recibiréis poder, cuando haya venido sobre vosotros el Espíritu Santo". En efecto, Él les dijo a sus discípulos: "Los dejo para volver al Padre Dios. Mi propósito en la tierra ha terminado, pero les enviará Uno que es igual que yo, que les ayudará. Estoy fuera de ustedes y les estoy demostrando poder, pero él estará en ustedes, y les dará poder a través de ustedes y para ustedes". Jesús sabía que este poder era lo que ellos habían perdido. Era lo que Adán había perdido. Así es que, el máximo propósito del sufrimiento y muerte de Jesucristo fue regresar el poder del Creador a los seres humanos, para que pudiéramos realizar el deseo de Dios para nosotros.

El regreso del Espíritu de Dios al espíritu del hombre es el momento más importante en la historia de la humanidad, desde que el Creador primeramente dio hálito en la vida del hombre y le permitió vivir. Tenemos la recepción inicial en la creación, y luego una nueva recepción al final del programa de restauración. De esta manera, Jesús restauró la conexión de la humanidad con su Fuente. A la misma vez, el liderazgo del espíritu del hombre fue reconectado a la Fuente del verdadero liderazgo. El disco duro fue restaurado, pero ahora viene la parte más difícil: La instalación del programa de una mente renovada—es decir, el pensamiento del líder.

La necesidad de una mente renovada

Ser líder es parte natural de nuestra composición, pero pensar como líder es difícil. Aunque es esencial ser reconectado, es sólo el inicio del desarrollo en un verdadero líder. Tenemos que transformar nuestros pensamientos y alinearlos con aquellos de nuestro Creador. Pablo le escribió a la iglesia en Roma: "No os conforméis a este siglo, sino transformaos por medio de la renovación de vuestro entendimiento, para que comprobéis cuál sea la buena voluntad de Dios, agradable y perfecta".

La única manera de tener una cambio mental es redescubrir la revelación de la verdad sobre nosotros mismos—la realidad de que usted fue creado y diseñado para ser líder. Usted debe internalizar la verdad de que el liderazgo es su

La Restauración del Liderazgo del Espíritu

naturaleza, destino y propósito de existencia. Debe capturar la esencia del conocimiento de que el propósito de su existencia es tener dominio sobre la tierra. Usted nació para gobernar—liderar. Una vez que comprenda esta verdad, es entonces cuando el trabajo empieza.

La transformación mental—en nuestra analogía de la computadora sería el descargar un nuevo programa—es diferente de reparar y restaurar. Es un proceso que toma tiempo porque involucra el cambio de pensamientos y hábitos arraigados. La diferencia vital es que ahora usted tiene el poder y el acceso del Espíritu del Creador que lo capacitará para hacerlo.

El regreso del Espíritu nos restaura la conciencia de nuestro liderazgo del espíritu y la asignación del dominio. Ahora viene el desafío, del cual el resto de este libro trata: la transformación de nuestras mentes cuando descubrimos y vivimos las actitudes del espíritu de liderazgo. Lo esencial de este libro es descargar el programa del liderazgo.

El Espíritu de Liderazgo

Principios del capítulo

1. El verdadero liderazgo tiene más que ver con la determinación de la mente que con los métodos y técnicas.
2. El desafío de toda la humanidad es la restauración de sí mismo.
3. A pesar de la declaración de independencia de la humanidad de su Fuente, el Creador no ha cambiado Su pensamiento acerca de Su propósito original para nosotros.
4. El Creador está apasionadamente comprometido para que nuestro ser sea reconectado con Él porque: (1) Somos hechos a Su imagen y no quiere que Su imagen sea distorsionada o deshonrada en el mundo, y (2) Sus propósitos son permanentes; siempre ha cumplido con lo que originalmente nos determinó que hiciéramos.
5. El máximo propósito del Creador para la humanidad es crear un liderazgo colectivo, resumido en la frase "cada persona es un líder". El mandato de tener dominio sobre la tierra fue dado a toda la humanidad, a varones y mujeres.
6. El liderazgo colectivo se aplica a través del principio del liderazgo de servicio.
7. Todo ser humano, de acuerdo al mandato del Creador, fue diseñado por él, para ser un líder en un área de talentos.
8. El programa del Creador, para reconectar al humano con Él, puede llamarse "restauración redentora".
9. El dilema de la humanidad no es tanto un problema "religioso", sino un problema del pensamiento.
10. Dios envió al "Verbo", Jesucristo, a la tierra para conectar y redirigir nuestro pensamiento. Él vino para regresarnos los pensamientos originales que perdimos cuando nos desconectamos de nuestra Fuente.

LA RESTAURACIÓN DEL LIDERAZGO DEL ESPÍRITU

11. Cuando nuestros pensamientos sean corregidos, nuestras actitudes podrán ser transformadas y seremos capaces de realizar nuestro liderazgo potencial.

12. El Agente Autorizado, Jesús, es "el camino de la verdad para darnos vida".

13. Nunca vive realmente hasta que obtiene la información verdadera sobre usted mismo.

14. La muerte suplente del Agente Autorizado fue para satisfacer las exigencias de las penalidades por la rebelión del hombre. A través de su muerte, la humanidad podía ser reconectada y restaurada totalmente con Dios, y, el Espíritu del Creador fue hecho disponible para las personas de cada generación.

15. El máximo propósito del sufrimiento y muerte de Jesucristo fue regresar el poder del Creador a los seres humanos, para que pudiéramos realizar el deseo de Dios para nosotros.

16. El regreso del Espíritu nos restaura la conciencia de nuestro liderazgo del espíritu y la asignación del dominio.

17. La total restauración del espíritu de liderazgo es un proceso de transformar nuestros pensamientos y alinearlos con aquellos de nuestro Creador.

18. La transformación mental es diferente a reparar y restaurar. Es un proceso que toma tiempo porque involucra el cambio de pensamientos y hábitos arraigados.

19. A través del Espíritu, tenemos el poder y el acceso al Creador que nos capacitará para efectuar una transformación de nuestras actitudes.

CAPÍTULO OCHO

La habilidad del liderazgo sin la actitud

Ningún líder debe ensalzarse por su actitud.

Cuando el joven león vio al león viejo y se reconectó a su verdadera naturaleza, todavía le esperaba pasar por el proceso de crecimiento. Conocía su identidad pero no había entendido lo que realmente significaba esa identidad. Sólo entrando al ambiente correcto—el bosque—podría descubrir lo que esto involucraría para que un algún día él tomara su lugar como rey de su dominio. Lo mismo es con nosotros.

Dispositivo sin programa

Como ya escribí en el capítulo anterior, cuando somos restaurados a nuestra Fuente de poder, todavía nos falta un elemento clave: el programa. El programa es nuestra actitud de liderazgo. Hemos estado separados de esta actitud por tanto tiempo que, aunque ahora tengamos conciencia de nuestro liderazgo del espíritu, necesitamos tomar la mentalidad de un líder porque todavía tenemos la mentalidad de esclavos.

La habilidad del liderazgo sin la actitud

La mente del espíritu y el espíritu de la mente

El mayor desafío de aquellos que han sido reconectados con el Creador, es tener la actitud correspondiente con la mente del Espíritu de Dios quien ahora habita dentro de ellos. Jesús ha provisto nuestra restauración en el Espíritu. Estamos espiritualmente reconectados a nuestra Fuente, pero el segundo paso es el restaurar la actitud de nuestras mentes para que podamos ejercer nuestro liderazgo del espíritu.

Pablo dijo: "Haya, pues, en vosotros este sentir que hubo también en Cristo Jesús" y "Renovaos en el espíritu de vuestra mente". Él estaba hablándoles a las personas que ya habían recibido el Espíritu de Dios, de manera que les estaba indicando que ellos todavía no habían cambiado de la manera que necesitaban hacerlo. El hecho de que hayamos sido reconectados a nuestra Fuente no significa que pensemos como Él en todo sentido. Nuestra actitud necesita ser ajustada. Sólo cuando somos renovados en el "espíritu de nuestra mente" tendremos la actitud que refleja la mente del Espíritu.

El corazón y la mente del liderazgo

¿Recuerda nuestra discusión anterior sobre las creencias siendo nuestras sólo cuando se mueven en nuestro subconsciente? En su mente, usted puede saber que es un líder, pero si este conocimiento no está en su subconsciente, entonces no se comportará como un líder. Si su corazón no está cambiado, entonces, usted es una nueva criatura con una mente vieja.

Jesús, el gran entrenador del liderazgo, con frecuencia decía: "El que tiene oídos para oír, oiga". Algunas personas sólo quieren oír; no quieren escuchar, así es que nunca entra en sus subconscientes. La única manera de que las cosas entren en su subconsciente es a través de la repetición. Usted tiene que "descargarlo" por un tiempo. Cuando usted descarga algo en su computadora, tiene que esperar hasta que eso haya terminado de descargarse para poderlo usar. No puede forzarlo para que baje. Es lo mismo con su corazón. Tiene que, pacientemente, permitir que la nueva información se quede en su subconsciente. Por ejemplo, puede ser necesario que lea este libro por tres o cuatro veces para absorber toda la información de liderazgo que éste contiene.

Salvación es diferente a conversión

La salvación (reconexión con Dios) no necesariamente es sinónimo de conversión (la transformación de la mente). La palabra *conversión* en griego, significa "reversión" o "un giro".[31] Aunque la salvación sea una giro de regreso a Dios, también necesitamos ser convertidos en el sentido de revertir la información original que el Fabricante nos dio. Es a través del Espíritu del Creador que podemos enmendar la actitud de nuestras mentes porque Él es el Espíritu de la Verdad quien nos recuerda de la verdad que el Agente Autorizado nos trajo.

Usted tiene la capacidad de liderar, pero necesita la mentalidad para ello.

En otras palabras, en términos de liderazgo, la salvación no debería ser confundida con la conversión. Nunca se convertirá en un verdadero líder hasta que descubra cómo *pensar* como un líder. Usted tiene la capacidad para liderar,

La habilidad del liderazgo sin la actitud

pero necesita la mentalidad para ello. Tiene la habilidad de liderar, pero necesita el conocimiento para hacerlo. Tiene el potencial para liderar, pero necesita tener una relación de liderazgo.

Debe existir una conversión en su corazón o en el subconsciente que crea un sentido diferente de realidad para usted. Cuando piensa de una manera diferente, se volverá diferente. Su cabeza debe ponerse al día con lo que ya esta pasando en su espíritu. Lo que haya estado en su subconsciente en los últimos diez, veinte o treinta años, va a luchar con lo que el Espíritu esté revelándole. Ya sea que un familiar le dijo que usted no era bueno, que un maestro le haya dicho que no era inteligente, o aun un pastor u obispo bien intencionado que le haya dicho que sea "humilde"; varias personas han influenciado negativamente su perspectiva para con su habilidad de liderazgo.

¿Cuántas veces ha estado de acuerdo con algo, pero no lo hizo? ¿Cuántas veces se ha dicho a usted mismo, "eso es verdad", pero no actuó? Lo creyó porque era verdad, pero no llegó al punto de la convicción que le haya causado actuar. Probablemente crea que hay ciertas cosas no puede hacer y piensa cosas como: "No me lo merezco". "No puedo ir ahí". "No puedo alcanzar eso". "No hay manera para que yo tenga eso". "No puedo ni *pensarlo*". Tiene que llegar a creer que usted puede perseguir y lograr lo que el Creador ya ha puesto dentro de usted para llevar a cabo.

Liderazgo—¿Actitud o aptitud?

Recuerde que el liderazgo es tanto aptitud como actitud. No importa cuánta habilidad intelectual tenga, si no tiene las actitudes correctas, su habilidad no significa nada. Winston

El Espíritu de Liderazgo

Churchill dijo: "La actitud es una pequeña cosa que hace una gran diferencia".[32]

Cuando yo estaba en la universidad, me registré en una clase para administración de negocios. Entonces descubrí que el profesor conducía un volkswagen y vestía pantalones de mezclilla rotos y zapatos viejos. Caminó a la clase y dijo: "Nuestra sesión de hoy se trata de cómo convertirse en millonario". Me senté y me dije a mi mismo: *"Estoy en la clase equivocada"*. Dejé el curso porque él tenía aptitud, pero obviamente, no tenía la actitud que le permitía alcanzar lo que estaba tratando de enseñarme. Le faltaba algo.

Cuando piense de diferente manera, usted será diferente.

La gente más adinerada del mundo, usualmente no son intelectuales o expertos académicos. No estoy diciendo que no son inteligentes sino que, su éxito financiero no está atribuido a sus educaciones. Bill Gates y Steven Jobs, empresarios de la computación, son ejemplos de personas de éxito, a quienes no les fue bien en una experiencia educativa tradicional. Aunque dejaron la universidad, de alguna manera tenían la actitud que les hizo estar convencidos de que tenían ideas valiosas para desarrollar. Descubrieron el propósito y la pasión, creyeron en sus ideas e inspiraron a otras personas, quienes también creyeron en ellos. Eventualmente, cientos de miles de personas compraron sus productos—y todavía lo hacen.

En el capítulo dos, escribí ejemplos de líderes que encontraron un propósito y pasión e inspiraron a otros para que les siguieran en sus visiones. Pero no tuvieron éxito de la noche a

LA HABILIDAD DEL LIDERAZGO SIN LA ACTITUD

la mañana. Debían tener las actitudes correctas y luego, perseverar para ser eficaces.

Abraham Lincoln es un ejemplo clásico de esto. Falló muchas veces para lograr sus metas, pero tenía una creencia interna que tenía algo que ofrecer a su comunidad, a su estado y eventualmente a su nación. Esta actitud es lo que le mantuvo en la carrera, aun cuando enfrentaba circunstancias negativas y contrariedades. ¿Cómo reacciona usted cuando falla? Debe tener una creencia interna que sea más fuerte que su experiencia. Víctor Frankl, sobreviviente del holocausto dijo: "No es lo que me pasó lo que importa, sino lo que pasó en mí".

El caballero de la realeza, Winston Churchill, es otro buen ejemplo de alguien que perseveró en su visión y en su búsqueda de lo que creía era correcto. Entendió claramente que el nazismo era una amenaza para Gran Bretaña y el mundo, pero pasó meses y años como una sola voz de advertencia antes que los demás se dieran cuenta de la verdad de lo que él estaba diciendo. Tenía una convicción interna que le mantenía activo. Bajo la presión de las circunstancias y un sentido de responsabilidad por salvar el país de Inglaterra, su liderazgo se desarrollo y maduró.

En un sentido, la presidencia de George W. Bush nació el 11 de Septiembre del 2001, cuando terroristas estrellaron aviones en los edificios del Centro de Negocios Mundiales en la ciudad de New York, en el Pentágono en Washington, D. C., y en un campo rural de Pennsylvania. Esta crisis presentó a Bush consigo mismo. Las demandas y responsabilidades de su posición pusieron tremenda presión en él, y el resultado fue una nueva actitud de profunda responsabilidad por el bienestar de los ciudadanos estadounidenses, lo cual manifestó su inherente habilidad de liderazgo.

El Espíritu de Liderazgo

Puede que usted sepa que es un líder. Eso es tener conciencia. Pero, ¿tiene usted el acondicionamiento mental para manifestar esa realidad?

"No podemos escoger cuántos años vamos a vivir, pero podemos escoger cuánta vida esos años tendrán".
—John Maxwell[33]

La habilidad del liderazgo sin la actitud

Principios del capítulo

1. El liderazgo es ambas, aptitud y actitud.
2. Ningún líder puede alzarse sobre su actitud.
3. El mayor desafío del hombre es tener la actitud correspondiente con la mente del Espíritu de Dios dentro de ellos.
4. La *mente del Espíritu* es la presencia del Espíritu de Dios en el espíritu del hombre, pero el *espíritu de la mente* es la actitud que acompaña al Espíritu.
5. La salvación (reconexión con Dios) no necesariamente es sinónimo de conversión (la transformación de la mente). La palabra *conversión* en griego, significa "reversión" o "un giro de". Necesitamos revertir la información original que el Fabricante nos dio.
6. Es a través del Espíritu del Creador que podemos enmendar la actitud de nuestras mentes porque él es el Espíritu de la Verdad quien nos recuerda de la verdad que el Agente Autorizado nos trajo.
7. Tiene que, pacientemente, permitir que la nueva información se quede en su subconsciente.

CAPÍTULO NUEVE
Recobrando el espíritu de liderazgo

La clave para el espíritu de liderazgo es la actitud en vez de la aptitud.

Hace algunos años, mi esposa y yo fuimos a Egipto e hicimos un viaje a las pirámides. Vimos las tumbas de los Faraones, como también una carroza y un brazalete que les pertenecían a los gobernantes egipcios. Los artefactos estaban dentro de contenedores de vidrios. En uno de los contenedores, habían algunos granos de maíz, trigo y mazorcas. La anotación decía algo como: "Estos granos fueron encontrados en el desierto egipcio, no muy lejos del Nilo, en donde es tan caliente que cualquier cosa que esté debajo de la tierra puede ser petrificado y preservado por miles de años. Estos granos tienen 6,000 años de existencia".

El letrero también decía que algunos granos antiguos habían germinado. El gobierno egipcio había agarrado granos de 6,000 años y los plantó, y ¡los granos en realidad, crecieron! Cuando cruzaron los antiguos granos con los modernos se dieron cuenta que creció mejor cosecha.

Estos granos estuvieron bajo tierra por 6,000 años, pero nunca perdieron su potencial innato. Estaban destinados a

Recobrando el espíritu de liderazgo

convertirse en lo que realmente fueron destinados a ser: plantas totalmente crecidas que puedan nutrir a las personas. No importa por cuanto tiempo usted haya tenido sus emociones "petrificadas", debido las circunstancias de la vida o las opiniones de los demás, su potencial innato sigue dentro de usted. El Agente Autorizado le conecta con el Creador para que pueda cumplir con su destino y realizar la obra para lo cual nació. Pablo le escribió a la iglesia de Filipos en el primer siglo: "Somos hechura suya, creados en Cristo Jesús para buenas obras, las cuales Dios preparó de antemano".

La meta del Creador es volver a restaurar el espíritu de liderazgo en la mente del hombre.

La meta del Creador es volver a restaurar el espíritu de liderazgo en la mente del hombre. Para lograr esto, Dios nos envió Su Palabra. La Palabra de Dios está diseñada para transferir verdad e ideas que renovarán nuestros propósitos en la vida, y, de esa manera, transformarán el espíritu de nuestras mentes, nuestras actitudes.

El poder del acondicionamiento mental

Nuestro acondicionamiento mental determina nuestro éxito o fracaso. Usted debe entrenarse para convertirse en lo que quiera ser. La razón por la cual se envía a los soldados a los campos de entrenamiento es para que dejen de pensar como civiles y comiencen a pensar con mentes de militares profesionales. En el campo de entrenamiento, se les aísla de sus familias, amigos y resto de la sociedad para que puedan enfocarse en su nueva mentalidad.

El Espíritu de Liderazgo

De manera similar, cuando usted quiere cambiar su actitud mental sobre el liderazgo, debe entrenarse a sí mismo. Encontrará que el poder del acondicionamiento mental le sustentará y le dará la fortaleza interna para sobrellevar ocasiones increíbles. Nuestras creencias son anidadas en nuestros corazones, pero éstas se manifiestan mientras experimentamos varias circunstancias. El nivel de su acondicionamiento mental dicta su respuesta ante la vida, ante los problemas, ante las circunstancias, ante la creación, ante su mundo. Es por esta razón que una de las cosas más poderosas que usted posee sobre la tierra es su actitud mental. Así como entra en los pensamientos del Creador a través de la oración y la lectura de la Biblia, el Espíritu "descarga" estas verdades en su corazón para que su mente sea entrenada a confiar en sus pensamientos y no en sus distorsionadas ideas primarias sobre la vida.

El Espíritu "descarga" los pensamientos del Creador en su corazón.

Jesús dijo que el Espíritu nos enseñaría la verdad y explicaría las cosas que Él había dicho. Él será nuestro maestro. Para tener la actitud mental correcta, usted debe tener al maestro correcto, y su maestro, de acuerdo con el Creador, es el Espíritu que habita en usted, quien reside dentro de usted para ese propósito específico. El liderazgo exige un reacondicionamiento mental.

El matrimonio entre la habilidad y la actitud

Cuando usted practica en renovar su mente, empieza a recobrar el espíritu de liderazgo. De esta manera, existe un matrimonio entre quien inherentemente es usted como líder y la manera en que usted debe pensar como líder. **Cuando la actitud del liderazgo se casa con la habilidad del liderazgo, entonces usted es un verdadero líder.**

Integrando la mentalidad de liderazgo y el mandato de liderazgo

El Creador nos ha dado el mandato de liderar y tener señorío sobre un área de la vida. Sin embargo, tenemos que integrar esta responsabilidad con la mentalidad necesaria. Nunca podremos llevar a cabo el mandato de liderazgo si no tenemos la mentalidad de liderazgo.

Integrando actitud, atributos, aptitud y altitud

Los líderes piensan de cierta manera. Por lo tanto, ellos manifiestan ciertos atributos y trabajan fuerte para obtener cierta aptitud (ellos continuamente desean aprender más sobre sí mismos, la vida y Dios), y ésto les hace pensar en un nivel más alto, o altitud. Mientras más verdad reciba en su corazón, más alto será su pensamiento. Tendrá una creciente visión clara para su vida. Todas estas áreas necesitan estar integradas en el liderazgo eficaz.

La actitud: Clave para el espíritu de liderazgo

De nuevo, la clave para el espíritu de liderazgo es la actitud, en vez de la aptitud. Es decir que, **no es la habilidad—es la mentalidad.** Lo que usted piense es aún más importante que lo que hace. Los capítulos siguientes exploran las actitudes que deben ser cultivadas para que experimente y logre un potencial de liderazgo más completo.

El Espíritu de Liderazgo

Un líder debe tener una integración de actitudes. Usted no puede tener visión sin denuedo, no puede tener denuedo sin compasión y no puede tener compasión sin estrategia, si es que quiere ser un líder eficaz.

La actitud es una conducta aprendida, creada por sus creencias, las cuales son producidas por sus pensamientos. Cambiamos nuestras actitudes al cambiar nuestras creencias, al cambiar nuestros pensamientos sobre todo en la vida— incluyéndonos a nosotros mismos. Ralph Waldo Emerson dijo: "Lo que está detrás y delante de nosotros es poca cosa comparada con lo que está dentro de nosotros".[34]

Las actitudes pueden ser cambiadas

Podemos cambiar nuestras actitudes. De hecho, somos responsables por hacerlo. No podemos continuar funcionando de la manera que realmente no creemos sobre nosotros mismos. El día que tomemos responsabilidades por nuestras actitudes, es el día que realmente crecemos.

La actitud lo determina todo. No es suficiente conocer los principios, preceptos y destrezas del liderazgo. Debemos adquirir el espíritu de liderazgo para descubrir y aplicar las actitudes de los verdaderos líderes. **Entrenar para el liderazgo, realmente quiere decir entrenar en la actitud porque la actitud tiene que ver con cómo respondemos a la vida. Debemos pensar, hablar, caminar, vestir, actuar, responder, decidir, planear, trabajar, relacionarnos y vivir como líderes.**

Yo he tenido que aprender las actitudes del liderazgo. Nací en un vecindario muy pobre en las Bahamas, en una casa de madera sobre cuatro piedras. Tenía diez hermanos y hermanas, y dormía en el piso de madera en una casa de dos habitaciones. Crecí en un vecindario en donde había pobreza

Recobrando el espíritu de liderazgo

y las personalidades cuestionables estaban siempre presentes, ejerciendo influencia negativa.

Luego, pasé por una transformación. Deseaba conocer la verdad sobre mi vida y la vida en general. Cuestioné mi disposición y desafié mi status quo durante mis años de adolescente. Las respuestas empezaron a aparecer cuando mis padres me dieron una Biblia a la edad de trece años. Descubrí en las páginas de este libro, la maravillosa verdad que fui creado a la imagen del Creador y que su intención era que yo le conociera a Él y Su voluntad para mi existencia.

Somos responsables de cambiar nuestras actitudes.

Este descubrimiento me cambió para siempre. Cuando empecé a leer la Biblia, recibí nuevos pensamientos sobre mí mismo y mi mundo. La fuente de nuestros pensamientos es tan importante porque nuestros pensamientos son la clave para nuestra calidad de vida. Cuando leí la Biblia, esto contradijo lo que me enseñaron y lo que vi. Empecé a creer en lo que decía en vez de lo que había escuchado de las fuentes externas, y así es como desarrollé una mentalidad de liderazgo.

Cualesquiera que sean sus propias circunstancias, usted también puede experimentar la transformación de su perspectiva al descubrir las actitudes que le permitirán ser el líder para lo que fue creado.

Cultivando el liderazgo del espíritu

En mi experiencia, el liderazgo es 20 por ciento de talento, habilidad y conocimiento técnico, y 80 por ciento de actitud. La mayoría de los grandes líderes a través de la historia poseyeron una auto-percepción única que separó sus

El Espíritu de Liderazgo

caracteres de las personas promedio. Un estudio cuidadoso de estos líderes gigantes revelará que no fueron nacidos con esta actitud, sino que fue encendida en ellos y luego cultivada por medio de un encuentro de cambio de vida con el Creador.

Cultivar significa crecer, progresar y provocar el desarrollo ordenado de algo. Este proceso exige que los componentes correctos, recursos y ambientes sean incorporados en el suelo del sistema. **Cultivar el espíritu de liderazgo es una elección, y sólo usted la puede hacer.**

Los líderes más sobresalientes que podemos estudiar son los personajes bíblicos como: Abraham, Sara, Moisés, Josué, Gedeón, David, Daniel, Ester, Débora, Jeremías, María, Pedro, Pablo y Juan. En cada uno de estos casos, usted verá que ellos experimentaron encuentros personales con el Creador de la humanidad y, en estos encuentros, fueron desafiados para creer en cosas superiores a ellos que eran difíciles o casi imposibles.

El Creador desafió sus puntos de vistas, imágenes y conceptos de sí mismos e hizo demandas en sus potenciales que ellos no creían poseer. Moisés, un fugitivo, fue desafiado a convertirse en "líder de sindicato", un "luchador de la libertad" y un líder político nacional destinado a construir una nación que cambiaría al mundo. El temor de Moisés hacia los demás, poco sentido de auto-valor, y baja estima de sus propias habilidades, fueron desafiadas por el Creador, y, fue ordenado a salir y llevar el mandato de "deja ir a mi pueblo" ante el gobierno más poderoso de esos días. Su propio concepto, conciencia y estima de sus habilidades cambiaron casi de la noche a la mañana, y el espíritu de liderazgo fue encendido dentro de él. Su actitud fue desafiada por siempre.

Recobrando el espíritu de liderazgo

Josué, el asistente de Moisés, fue desafiado a tomar la responsabilidad del liderazgo de millones de personas en el desierto y para llevarlos hacia la Tierra Prometida, estableciendo instituciones sociales, culturales y económicas para la nueva nación. Su timidez fue desafiada por el Creador y fue encomendado a "ser fuerte y valiente". Su auto-concepto cambio en ese encuentro. Esta nueva percepción de sí mismo produjo el espíritu de liderazgo en él y una actitud que le distinguió de los demás.

El mismo escenario de transformación tomó lugar en las vidas de Gedeón, David, Ester y los otros. Sus encuentros personales con su Dios cambiaron sus propias imágenes, conceptos, estima, valor y sentido de potencial. Esto también le dio a cada uno un sentido de propósito para sus vidas y cambiaron sus actitudes para siempre. El espíritu de liderazgo fue encendido en cada uno, y sus vidas impactaron sus generaciones y continúan inspirando al mundo de hoy.

Cultivar el espíritu de liderazgo es una elección.

Lo que es crucial en todos estos casos es el hecho de que todos ellos tenían imágenes de sí mismos que no eran correctas y fueron producidas por sus culturas, experiencias pasadas u opiniones de otros. Esta es la razón por la que el líder escondido dentro de todos nosotros, permanece encerrado y se sofoca en la tumba de nuestras culturas mediocres. Para liberarnos de esta condición, debemos determinarnos a cultivar el espíritu de liderazgo y pasar por sobre las limitaciones de nuestras experiencias pasadas, de las opiniones que otras personas tienen de nosotros, y del riguroso contexto de las supuestas normas sociales.

El Espíritu de Liderazgo

Como ya lo mencioné anteriormente, para iniciar este proceso debemos hacernos algunas preguntas muy importantes, tales como: "¿Qué imagen tengo de mí mismo?" o "¿cómo me veo?" y "¿qué me imagino de lo que soy capaz?" La auto-imagen determina los límites del logro individual y nacional. Define lo que usted puede o no puede ser o hacer. Disperse la auto-imagen y expanda el campo de las posibilidades. Así como en los ejemplos anteriores, la mayoría de nuestras auto-imágenes son el producto de nuestra función de modelos primarios, nuestro contexto histórico, nuestro entrenamiento educativo formal o informal y nuestros entornos sociales e influencia de poderes.

Usted actúa de la manera que es consistente con su auto-imagen.

Es importante entender que el mundo usualmente forma sus opiniones de usted, primeramente de las opiniones que usted tenga de sí mismo. Otros con frecuencia le ven exactamente en la manera en que usted se ve a sí mismo. Generalmente, actuará de la manera que es consistente con su auto-imagen. La auto-estima es el componente emocional de su auto-concepto y representa la esencia real de su personalidad humana. Esto es verdad tanto en los individuos como en las naciones. Ésto trata con la pregunta: "¿Cómo se siente sobre usted mismo?" Cuanto se quiera a sí mismo totalmente depende de quién cree que sea. **Como usted se defina a sí mismo, es la única declaración más importante que pueda hacer sobre sí mismo, y es el corazón de su actitud. El espíritu de liderazgo surgirá de su auto-definición.**

Recobrando el espíritu de liderazgo

La baja auto-estima es el resultado de un complejo de inferioridad o superioridad. De nuevo, la manera en que se relaciona con los demás está directamente conectada con cómo se siente acerca de usted mismo. Es por eso que Jesús responde a la pregunta "¿Cuál es el gran mandamiento en la ley [de Dios]?" de hecho fue, "Amarás a tu prójimo como a ti mismo". El valor que usted percibe que los demás tienen y en la manera en que usted los trata, está directamente determinado en cómo se vea y valore a sí mismo. Usted nunca puede realmente valorar a los demás por sobre su auto-valor.

Toda conducta está formada y controlada por quién y cómo usted cree ser. Todo en la vida es efectivamente un asunto de actitud. Su auto-imagen determina el nivel de su auto-estima y valor. Su auto-estima determina como vive su vida. En el análisis final, **su habilidad de liderar depende de la actitud producida por su auto-imagen, sentido de auto-valor y auto-estima.**

Rasgos del espíritu de liderazgo

Así como muchos de los ejemplos de líderes eficaces, discutidos anteriormente, cuando usted redescubra la verdad sobre sí mismo, entonces usted también, encenderá el proceso para desarrollar los rasgos de un verdadero espíritu de liderazgo.

- El espíritu de una fuerte auto-imagen—sentido verdadero de nuestra Fuente.
- El espíritu de un saludable auto-concepto—percepción de nuestra naturaleza real.
- El espíritu de auto-confianza—creer en nuestra habilidad inherente.

El Espíritu de Liderazgo

- El espíritu de significado propio—sentido de contribución valiosa para el mundo.
- El espíritu de pasión—convicción profunda y determinación de corazón.
- El espíritu de excelencia—esfuerzo por mejorar siempre nosotros mismos y nuestra labor.
- El espíritu de compasión—sensibilidad al valor de los demás.
- El espíritu de creatividad—creer en lo no probado y lo no tratado.
- El espíritu de auto-poder—deseo de ver que los demás triunfen.
- El espíritu de auto-mejoramiento—compromiso personal a crecer.
- El espíritu de auto-disciplina—compromiso a normas auto-impuestas.
- El espíritu de humildad—conciencia de las fortalezas y debilidades propias.
- El espíritu de habilidades ilimitadas—creer en nuestro potencial como materia prima.
- El espíritu de posibilidades—compromiso con cosas ilimitadas.
- El espíritu de auto-aceptación—aceptación de nuestra humanidad total, incluyendo las fortalezas, debilidades, personalidad, apariencia física, defectos y dones.

En las siguientes páginas, quiero escribir acerca del corazón de este libro, y, es acerca de las cualidades y características del espíritu de liderazgo—las actitudes únicas que todos los

Recobrando el espíritu de liderazgo

verdaderos líderes poseen, y del hecho que usted puede cultivar y desarrollarlas. Estas actitudes son necesarias si quiere experimentar la manifestación de su capacidad de liderazgo. Pueden ser aprendidas, desarrolladas, cultivadas y refinadas a través de la práctica y la responsabilidad. Una vez que se unan en su vida, entonces, usted encajará en la definición de un líder: Tendrá la capacidad para influenciar a los demás a través de la inspiración motivada por una pasión, generada por una visión, producida por una convicción, encendida por un propósito. Parafraseando a Paul Meier:

Las actitudes no son más que hábitos del pensamiento producidos por su auto-imagen, valor y auto-estima; y el hábito puede ser adquirido y cambiado por el reacondicionamiento de la mente. [35]

El Espíritu de Liderazgo
Principios del capítulo

1. No importa por cuanto tiempo usted haya tenido sus emociones "petrificadas", debido las circunstancias de la vida o las opiniones de los demás, su potencial innato sigue dentro de usted.

2. La Palabra de Dios está diseñada para transferir verdad e ideas que renovarán nuestros propósitos en la vida y de esa manera, transformarán el espíritu de nuestras mentes, nuestras actitudes.

3. Nuestro acondicionamiento mental determina nuestro éxito o fracaso.

4. Cuando la actitud del liderazgo se casa con la habilidad del liderazgo, entonces usted es un verdadero líder.

5. Los líderes manifiestan ciertos atributos y trabajan fuerte para obtener cierta aptitud (ellos continuamente desean aprender más sobre sí mismos, la vida y Dios), y ésto les hace pensar a un nivel más alto o altitud.

6. El día que tomemos responsabilidades por nuestras actitudes, es el día que realmente crecemos.

7. Debemos adquirir el espíritu de liderazgo para descubrir y aplicar las actitudes de los verdaderos líderes. Debemos pensar, hablar, caminar, vestir, actuar, responder, decidir, planear, trabajar, relacionar y vivir como líderes.

8. En mi experiencia, el liderazgo es 20 por ciento de talento, habilidad y conocimiento técnico, y 80 por ciento de actitud.

9. Cultivar el espíritu de liderazgo es una elección, y sólo usted la puede hacer.

10. Cómo usted se defina a sí mismo, es la única declaración más importante que pueda hacer sobre sí mismo, y es el

Recobrando el espíritu de liderazgo

corazón de su actitud. El espíritu de liderazgo surgirá de su auto-definición.

11. Todas las actitudes del liderazgo pueden ser aprendidas, desarrolladas, cultivadas y refinadas a través de la práctica y la responsabilidad.

12. Cuando las actitudes del liderazgo se unan en su vida, entonces, usted encajará en la definición de un líder: Tendrá la capacidad para influenciar a los demás a través de la inspiración motivada por una pasión, generada por una visión, producida por una convicción, encendida por un propósito.

Parte dos:
Actitudes de los verdaderos líderes

CAPÍTULO DIEZ

ACTITUD #1
PROPÓSITO Y PASIÓN

El hombre posee la capacidad de liderar pero ha perdido la voluntad para hacerlo.

La actitud del propósito es el primer atributo que separa a los seguidores de los líderes. **El verdadero liderazgo no puede nacer o existir sin un sentido del propósito.** El propósito es el descubrimiento de una razón para su existencia y está definido como la intención original de la creación de una cosa. Cada ser humano fue creado para un propósito específico y cuando el propósito es descubierto, entonces ha nacido un líder.

El propósito crea un líder porque provee una asignación para la vida e indica un sentido de importancia. Usted debe descubrir su propósito y la contribución específica para lo cual fue destinado ha llevar a cabo en su generación. **Su liderazgo está escondido en su propósito, y su propósito es la clave de su pasión.** No importa qué posición pueda tener en su vida o en una organización, usted debe relacionarlo a su sentido de propósito y aceptarlo con pasión.

La actitud de la pasión es el segundo atributo más indispensable del liderazgo y sirve como la fuerza conductora de

Propósito y pasión

la motivación que sustenta el enfoque del líder. Sin pasión, se carece de energía y el aburrimiento infecta la mente y la vida. Para poder convertirse en el líder para lo cual fue creado, usted debe definir un propósito para su vida que produzca una pasión para vivir.

Cada gran hombre o mujer se convierten en grandes porque él o ella, poseen el espíritu de la pasión. Pero, creo que esta actitud está faltando en el 99 por ciento de las personas en el mundo. Es por esto que muchos son seguidores en vez de líderes. La pasión es poca en la experiencia del humano.

> El propósito es el primer atributo que separa a los seguidores de los líderes.

¿Por qué es la pasión tan importante? En Salmos leemos: "Te dé [Dios] conforme al deseo de tu corazón, y cumpla todo tu consejo". Sus planes serán exitosos si realmente usted desea realizarlos. La palabra *deseo* no denota un interés casual, sino un profundo, un poderoso propósito para un final deseado—pasión por un propósito. Si no tiene pasión por algo, no lo recibirá. Es sólo cuando tenemos pasión por lo que queremos hacer que las cosas empiezan a suceder para disponernos a cumplirlo.

Todo verdadero líder es apasionado. Considere las siguientes preguntas: ¿Cuán fuertemente quiere algo? ¿Está usted sólo existiendo o está buscando una razón para vivir? **Los líderes no sólo hacen, también *sienten* lo que están haciendo. Su pasión continuamente les motiva e inspira.** La persona promedio sólo tiene un trabajo. Marca su hora de entrada y sale a las 5:00 PM. Su trabajo es una función que hace, no una contribución que hace al mundo. **Pero, los verdaderos líderes no tienen trabajos; tienen asignaciones de por vida.**

El Espíritu de Liderazgo

Un destino ineludible para su vida

El liderazgo no es el cumplimiento de una lista de metas porque las metas son temporales. El verdadero liderazgo está manifestado cuando descubre un destino para su vida, el cual es tan obligatorio que habrá cumplido su propósito para vivir, una vez que lo haya terminado.

La pasión es la clave del liderazgo porque su deseo está hecho para ser su destino. David, el gran rey israelita, escribió en uno de sus salmos: "Deléitate asimismo en Jehová, y él te concederá las peticiones de tu corazón". Nuestros propósitos y pasiones son ideas, sueños, pensamientos y visiones perpetuas que llenan nuestros corazones o subconscientes.

La pasión es la clave para el liderazgo porque su deseo está hecho para cumplir con su destino.

Cuando nos deleitamos en nuestra relación con nuestro Creador, él nos dará los deseos que preocupan a nuestros subconscientes cada día. Esto es porque Él ha "escondido" Su deseo dentro de cada uno de nosotros. Si quiere descubrir la voluntad de Dios para su vida, entonces analice lo que desea realizar—las esperanzas y los sueños que parecieran nunca dejarlo en paz. El Creador coloca Sus deseos en nuestros corazones o subconscientes y luego promete cumplirlos. Su pasión personal está supuesta a provenir de ese tesoro escondido del deseo que Él ha puesto dentro de usted. Usted sabe que se ha abierto a su potencial de liderazgo cuando está activamente involucrado en las cosas que tanto desea hacer, al punto que no puede dejar de pensar sobre ello.

Algunas veces, no es fácil que reconozcamos el origen de nuestra pasión en la vida, pero con frecuencia, nuestros deseos

Propósito y pasión

son mayores que nuestros libros de bolsillos, el nivel de nuestra educación, nuestras habilidades naturales, nuestras culturas o nuestras razas, y creemos que alguien más está hecho para cumplirlas. Pero, uno de los signos de una pasión verdadera es que, es mucho mayor de lo que somos. Miremos más de cerca la naturaleza de la pasión.

¿QUÉ ES PASIÓN?

La pasión puede ser definida como:

1. **Un deseo profundo**

   La pasión es la energía que dice: "Voy tras eso, no importa lo que pase. Si tengo que espera diez años, lo voy a obtener". Si quiere ir tras su sueño, no se puede sentar y esperar que todo sea fácil. Los verdaderos líderes poseen un profundo deseo que les produce la pasión para proceder con sus sueños.

2. **Un anhelo**

   Las personas apasionadas son personas "poseídas". Es decir, usted no puede ser exitoso como líder a menos que tenga una necesidad interna de realizar algo en particular.

3. **Una obligación**

   Cuando usted está apasionado por algo, se siente obligado a hacerlo. **El liderazgo nace cuando se descubre una obligación divina para su comunidad, mundo y generación.**

4. **Un compromiso sincero**

   Muchas personas están "interesadas" en hacer ciertas cosas, pero no están realmente comprometidas para realizarlas. Algunas personas dicen que tendrán un mejor trabajo, perderán peso o cambiarán sus vidas—algún día. El mundo está lleno de personas que están meramente interesadas, pero no apasionadas. Un compromiso verdadero es como el del hombre que salta de un avión, confiando en que el paracaídas se abrirá. No es hablar, sino actuar. La pasión le hace saltar, sin importar nada. Los líderes están comprometidos, no sólo interesados. **Están dispuestos a entregarse totalmente al cumplimiento de sus propósitos. El verdadero liderazgo no es encontrar algo por qué vivir, sino algo por qué morir.**

5. Una resolución sincera

    Cada año hacemos resoluciones de año nuevo y rápidamente las olvidamos. ¿Cuán determinado es usted? ¿Actúa por lo que ha estado comprometido a hacer? ¿Está dispuesto a pagar el precio para obtener su deseo? **Los verdaderos líderes son resueltos en sus decisiones para lograr sus metas y propósitos.**

6. Una motivación sincera

    La pasión es el jugo para vivir. Para muchas personas, la vida es un trabajo penoso. No tienen motivación en lo que respecta a sus trabajos, esposos, educación o desarrollo personal. Alguien dijo alguna vez que el asunto sobre la vida es que es muy rutinaria. La pasión nos ayuda a salir de nuestras rutinas diarias.

    Si usted no está motivado, entonces se volverá un peso o carga para otros. Gastará sus energías. La

Propósito y pasión

pasión es un medio de motivación. Cuando usted tiene pasión, no necesita las condiciones adecuadas para continuar porque la pasión es generada internamente y no es afectada por condiciones externas. **Los verdaderos líderes no necesitan estímulos externos para tomar acción. Son auto-motivados.**

¿Cuál es la fuente de la pasión?

Un sentido de propósito

¿De dónde viene la pasión? Primero, viene del sentido de propósito. Usted está buscando algo que le de significado a su vida. Si se vuelve distraído o la oposición se cruza en su camino, su destino aún lo empuja a la dirección de su deseo porque no puede imaginarse dejarlo de cumplir.

Un sentido de destino

La pasión viene de algo fuera de este mundo y está conectado a ella. Mientras viva por algo terrenal, su pasión no durará. Tiene que estar conectada a algo que sea mayor que su propia existencia. Si usted obtiene su pasión por algo terrenal, entonces cuando eso se detenga, usted se detendrá. Pero, **si usted atrapa el sentido del destino que existió antes que usted y continuará existiendo después de usted, se sentirá que está involucrado en algo que es mayor que usted mismo; entonces, usted está en el camino hacia el liderazgo. La pasión nace cuando usted se conecta al pasado y al futuro.**

Una convicción profunda

Algunas personas no tienen convicción de lo que están haciendo, pero un líder es una persona de convicción profunda.

El Espíritu de Liderazgo

La pasión es una certeza profunda que necesita hacer algo. Sus convicciones tienen que ver con sus creencias. Si usted cree que ha descubierto lo que se supone debe hacer, esto le creará una pasión. Le hará mantenerse firme y sobrellevar la oposición, resistencia, críticas y todos los otros obstáculos.

Un líder es una persona de convicción firme.

Una revelación del futuro

La pasión es encendida por la revelación de hacia dónde quiere usted ir con su vida. La visión del Creador para usted, es tan vívida que puede verlo con los ojos de su mente, y este panorama crea una pasión para llegar hasta ahí. La mayoría de personas criticarán su pasión porque ellos no miran lo que usted mira. **Un líder, usualmente, se mueve hacia las cosas que todavía no pueden ser vistas pero serán manifestadas en el futuro.**

Un conocimiento de providencia

Cuando usted entiende que la mano providencial del Creador está en su vida, entonces sabe que no es sólo un experimento, sino una parte de un programa más largo, orquestado por Dios en el cual usted tiene una función que realizar. Ésto provoca que su pasión se avive. Ya no está viviendo solo, sino con todos aquellos en el pasado y el futuro con quienes está unido por medio de un propósito en común. De nuevo, **un verdadero líder siempre piensa en términos del ayer y del mañana—construye *sobre* el pasado y construye *para* el futuro.**

Una resolución sincera

Una persona con pasión está determinada a cumplir con lo que fue destinado ha hacer. Ésto no es sólo para el bien

Propósito y pasión

personal, sino para el bien de los demás que serán bendecidos a través del cumplimiento del propósito.

Liderazgo y pasión

El liderazgo es nacido cuando el propósito es descubierto y el destino es entendido. La pasión es la fuerza conductora del liderazgo y energiza la motivación del liderazgo. A Dios le gustan las personas que son apasionadas. En Apocalipsis leemos de su disgusto por aquellos que son tibios: "Yo conozco tus obras, que ni eres frío ni caliente. ¡Ojalá fueses frío o caliente! Pero por cuanto eres tibio, y no frío ni caliente, te vomitaré de mi boca". Las personas que están satisfechas con una existencia menor, nunca llegarán donde deben llegar.

En contraste, una persona que tiene pasión toma riesgos. No teme fallar debido a su sentido del destino. Sabe que el fracaso es un incidente pero que el destino es permanente. **Los líderes saben que el propósito es mucho mayor que uno o varios incidentes. En cambio, se mantienen firmes hacia el cumplimiento de sus propósitos, sin importar lo que pase.**

Cualidades de la pasión

Los líderes son aquellos quienes han descubierto algo más importante que la misma vida y por lo tanto:

- Su pasión produce flexibilidad.
- Su pasión sobrelleva la resistencia y el dolor.
- Su pasión es una fuente de determinación.
- Su pasión es una incubadora de valor.
- Su pasión es más fuerte que la oposición e incluso que la muerte.

El Espíritu de Liderazgo

Pablo, el escritor del primer siglo, es un gran ejemplo de un líder que fue apasionado. En su segunda carta a la iglesia en Corinto, encontramos un pasaje único que muestra la pasión que tenía por su visión. Algunas personas han retado el derecho de Pablo de ser un apóstol. Dicen que él no fue realmente llamado por Dios y que no era digno del respeto que recibía. Ellos mismos fueron falsos apóstoles, pero atacaron la credibilidad y las cualidades de Pablo y desviaban a las personas de la verdad. Pablo respondió escribiéndoles a los creyentes corintios que habían sido desviados por estos falsos apóstoles. Él escribió que aunque lo que estaba a punto de decir sonara ridículo y tonto, lo diría de todas maneras para que volvieran al verdadero Evangelio.

Los líderes son aquellos quienes han descubierto algo más importante que la misma vida.

¿Son hebreos? Yo también. ¿Son israelitas? Yo también. ¿Son descendientes de Abraham? También yo. ¿Son ministros de Cristo? (Como si estuviera loco hablo). Yo más; en trabajos más abundante; en azotes sin numero; en cárceles más; en peligros de muerte muchas veces. De los judíos cinco veces he recibido cuarenta azotes menos uno. Tres veces he sido azotado con varas; una vez apedreado; tres veces he padecido naufragio; una noche y un día he estado como náufrago en alta mar; en caminos muchas veces; en peligros de ríos, peligros de ladrones, peligros de los de mi nación, peligros de los gentiles, peligros en la ciudad, peligros en el desierto, peligros en el mar, peligros entre falsos hermanos; en trabajo y fatiga, en muchos desvelos, en hambre y sed, en muchos ayunos, en frió y en desnudez; y además de otras cosas, lo que sobre

Propósito y pasión

mi se agolpa cada día, la preocupación por todas las iglesias.

¿Por qué Pablo da una lista de problemas y tribulaciones como prueba de que era un apóstol genuino? De hecho, estaba diciendo que "si la visión y asignación que recibí no fueran reales, ¿creen que yo pasaría por todas estas dificultades?"

Pablo pagó un precio por su propósito, pero su pasión le permitió hacerlo. Usted es apasionado y real si se mantiene bajo presión. Sabe que su visión viene de Dios cuando se mantiene firme una vez que haya pasado la tormenta.

El liderazgo nace cuando usted descubre su propósito de ser y se compromete en su búsqueda a cualquier precio. Si encuentra que está aburrido, entonces no ha descubierto su propósito porque su pasión es la fuerza motora de la vida.

Siembre un pensamiento, coseche una creencia.
Siembre una creencia, coseche una actitud.
Siembre una actitud, coseche una acción.
Siembre una acción, coseche un hábito.
Siembre un hábito, coseche un carácter.
Siembre un carácter, coseche un destino.

CAPÍTULO ONCE
Actitud #2
Iniciativa

El mayor valor que puede poseer es una buena actitud.

La actitud de la iniciativa es uno de los atributos más importantes de los verdaderos líderes, la cual los distingue de los eternos seguidores. **Los líderes no esperan que el futuro llegue; ellos lo crean. No esperan que los demás hagan lo que saben que deben o pueden hacer.**

La inspiración del liderazgo es la visión. La visión es un panorama de lo que se quiere realizar. Pero la actitud de la iniciativa hace la diferencia entre un plan y un resultado actual. Es decir, **la visión es un deseo, mientras que la iniciativa hace que se realice dicho deseo.**

Miremos algunas descripciones de la iniciativa:

- La iniciativa es un catalizador.
- La iniciativa es realizar la acción.
- La iniciativa sale de la auto-motivación.
- Los iniciadores son automáticos que no necesitan instancias externas para hacer algo.
- Los iniciadores toman decisiones específicas para iniciar las cosas.

INICIATIVA

El Creador es nuestro ejemplo principal de actitud e iniciativa del liderazgo. El relato de la creación en el primer libro de Moisés empieza con: "En el principio creó Dios los cielos y la tierra. Y la tierra estaba desordenada y vacía, y las tinieblas estaban sobre la faz del abismo, y el Espíritu de Dios se movía sobre la faz de las aguas. Y dijo Dios: Sea la luz; y fue la luz".

La visión es un deseo: la iniciativa hace que se realice dicho deseo.

Antes que Dios hablara, la tierra estaba desformada, vacía y oscura. Ésto podría haberse mantenido así, si Él no hubiera iniciado el proceso de la creación. Él vio el potencial de la tierra y la transformó en algo que tenía forma, que tenía abundancia de seres creados, y fue llenada con luz. La lección más importante aquí, son las palabras escondidas: "En el principio creó Dios". Aquí vemos que el espíritu de liderazgo inicia la actividad y activa el cambio. Este es el espíritu de un líder. **Los líderes no sólo sueñan; se levantan y ponen en acción sus sueños.**

PRINCIPIOS DE LA INICIATIVA

1. LA INICIATIVA ES LA CLAVE PARA LA REALIZACIÓN.

Existen numerosos ejemplos de inventores, compositores y otros quienes iniciaron ensayos por sus imaginaciones, que caso contrario hubieran permanecidos como un simple potencial. Al desarrollar las actitudes del liderazgo, considere qué ideas y deseos quiere convertir en realidad y cómo al tomar la iniciativa podría ser el catalizador para su manifestación.

El Espíritu de Liderazgo

2. La iniciativa es el poder del ánimo.

La *Real Academia Española* describe la *inercia* como una indisposición "de los cuerpos de no modificar su estado de reposo o movimiento si no es por la acción de una fuerza". La inercia es un factor de la vida. Las cosas no se inician, progresan o enrumban una vez que se hayan estancado, a menos que alguien tome acción para colocarlos de nuevo en el curso correcto.

En un juego de pelota, un entrenador insta a los corredores a que se muevan de las bases y vayan hacia la meta antes de que sean sacados. Él les ayuda a mantener el ímpetu. Similarmente, **la actitud de la iniciativa le permite ser su propio entrenador para que mantenga su ánimo en la búsqueda de su propósito en la vida.**

3. La iniciativa es la manifestación de la decisión.

Nada puede ser realizado a menos que una decisión se haya tomado al respecto. En nuestro diario vivir, no compramos una casa, escogemos un vestido o seleccionamos un tipo de aseguradora por otra, a menos que específicamente decidamos tomar una cosa y poner a un lado las otras opciones. Este principio se mantiene fiel al ejercitar nuestro don de liderazgo. El liderazgo eficaz conlleva una cantidad de decisiones y elecciones, que pueden provocar que muchas personas se resistan y se entreguen a la apatía. **La iniciativa nos permite tomar elecciones que nos ayudan a seguir hacia nuestras metas.**

4. La iniciativa es la clave para liderazgo placentero.

Tanto los líderes y los seguidores aprecian la actitud de la iniciativa en sus compañeros. Cuando un líder es indeciso o inseguro y continuamente se le dice lo que debe hacer, ésto no

INICIATIVA

sólo agota a los afectados, sino que también es ineficiente. El crecimiento del liderazgo viene como resultado de admitir y moverse hacia adelante en nuestros propósitos.

5. *La iniciativa es la manifestación del espíritu de confianza y fe.*

Con frecuencia desistimos de tomar la iniciativa porque nos asustan las responsabilidades o las consecuencias de nuestras acciones. El escritor a los hebreos dijo: "Más el justo vivirá por fe; y si retrocediere, no agradará a mi alma". Cuando exhibimos la actitud de la iniciativa, esto demuestra que estamos operando en la fe y confianza que Dios nos cuidará totalmente al buscar los propósitos que Él tiene para nosotros.

La iniciativa nos permite movernos hacia nuestras metas.

6. *La iniciativa es el espíritu de la creatividad.*

Los inventores tienen el hábito de hacer múltiples experimentos. Se mantienen probando hasta que algo funcione. La iniciativa con frecuencia trabaja de manera similar. La voluntad de mantenerse iniciando y probando cosas nuevas mientras buscamos nuestros propósitos, despierta el espíritu de la creatividad y permite buenos resultados para aquellos que disfrutan el tratar "una cosa más".

7. *La iniciativa es la clave para el obedecer*

Cuando sabemos que estamos supuestos a hacer algo, es en ese preciso cuando deberíamos empezar a hacerlo. Resistirnos hasta que nos parezca o que las circunstancias sean mejores, no es conducente a la práctica de hacer lo que necesitamos hacer en el momento que debemos hacerlo para lograr nuestras metas.

El Espíritu de Liderazgo

Utilizando el poder de la iniciativa

¿Cómo es afectada la actitud de la iniciativa por sus propias creencias, sus propósitos y su Dios? Los líderes utilizan el poder de la iniciativa porque ellos:

- Creen en la integridad y fidelidad de su Creador.
- Creen en sus causas.
- Creen en la rectitud de sus sueños.
- Creen en su competencia.
- No se asustan por el fracaso.

Para convertirse en el líder para lo cual nació, usted debe cultivar el espíritu de la iniciativa. No espere que los demás hagan lo que usted sabe que podría y debería hacer. **Sea líder—inicie.**

Capítulo Doce
Actitud #3
Prioridades

La actitud es la evidencia de lo que piensa.

Los verdaderos líderes se distinguen por su fuerte sentido de prioridades. Siempre están claros sobre lo que es importante para ellos y desean atender el asunto principal antes que nada.

Lo más importante en la vida y el liderazgo es conocer lo que usted está supuesto a hacer. Cualquier actividad que emprendamos consume nuestro tiempo, talentos, esfuerzo, energía y vida. **Por lo tanto, lo que hacemos determina quienes somos y en que nos convertimos. Los verdaderos líderes tienen un claro sentido de lo que necesitan hacer. La clave para esta habilidad es aplicar el principio de la prioridad.**

¿Qué es prioridad?

Iniciemos por definir la prioridad. Ésta es:

- Algo que tiene una demanda *a priori* de nosotros.
- Algo que amerita nuestra pronta atención.
- Algo que recibe pronto nuestros recursos.
- Algo que tiene el derecho de reemplazar a otras cosas.

El Espíritu de Liderazgo

Liderazgo y prioridades

El liderazgo efectivo conlleva el manejo de las prioridades. Los verdaderos líderes han aprendido cómo distinguir entre lo que es realmente importante para sus vidas y el cumplimiento de sus propósitos, y lo que es una necesidad urgente pero temporal. También han descubierto cómo distinguir entre las opciones que son buenas y las que son mejores para ellos. Debido a estas cosas, tienen agendas apretadas y listas cortas de cosas por hacer.

Cómo determinar las prioridades

¿Cómo determinamos lo que realmente es importante en nuestras vidas? Encontramos una guía valiosa en una declaración hecha por Pablo, en su primera carta a los Corintios: "Todas las cosas me son lícitas, más no todas convienen; todas las cosas me son lícitas más yo no me dejaré dominar de ninguna".

Lo que hacemos determina quiénes somos y en qué nos convertimos.

Vivimos en una época en que, particularmente en los Estados Unidos de América y la Unión Europea, las personas tienen una miríada de elecciones respecto a sus estilos de vida, carrera y tiempo libre. Podemos hacer muchas cosas, pero no todo es constructivo para nuestras vidas. **Una de nuestras responsabilidades principales como líderes, es determinar lo que es mejor para nosotros de acuerdo a nuestro propósito y visión en la vida.**

Pablo sabía lo que era ser de una sola mente en la búsqueda de un propósito. En su carta a los Filipenses, escribió:

Prioridades

No que lo haya alcanzado ya, ni que ya sea perfecto; sino que prosigo, por ver si logro asir aquello para lo cual fui también asido por Cristo Jesús. Hermanos, yo mismo no pretendo haberlo ya alcanzado; pero una cosa hago: olvidando ciertamente lo que queda atrás, y extendiéndome a lo que está delante, prosigo a la meta, al premio del supremo llamamiento de Dios en Cristo Jesús.

Evalúe sus prioridades actuales

¿Qué propósitos necesita "no soltar"—personalmente, profesionalmente y espiritualmente? ¿Cómo sus prioridades actuales se alinean con ellos? Tome tiempo en esta semana para pensar sobre sus prioridades actuales. Quizás no haya realmente establecido ninguna de las prioridades y esté viviendo en un tipo de crisis: Cualquier cosa que parezca más presionante en este momento, le capta su atención. ¿Se da cuenta de su propósito y trabaja activamente por ello? Antes de determinar sus metas, como ya se enfatiza en el siguiente capítulo, asegúrese de descubrir su propósito y decidir cómo alinear su vida y sus prioridades para que pueda realizar su particular mandato de liderazgo en el dominio que le fue otorgado.

Lo que hacemos determina quiénes somos y en qué nos convertimos.

Para convertirse en el líder, para lo que fue creado, usted debe cultivar el arte de priorizar—escoger y distinguir entre lo que es importante contra lo que es urgente. El liderazgo significa conocer la diferencia entre ocupación y efectividad.

El Espíritu de Liderazgo

Los verdaderos líderes hacen distinción entre una oportunidad y una distracción, y, entre lo que es bueno y lo correcto para ellos. Los líderes saben que las prioridades protegen su valiosa energía, tiempo, recursos y talentos.

CAPÍTULO TRECE
Actitud #4
Trazando metas

Si piensa que lo puede hacer, eso es confianza; si lo hace, eso es habilidad.

Todos los verdaderos líderes poseen una actitud de seguir hacia la meta. **Los líderes se distinguen de los seguidores por su pasión por las metas preestablecidas.** Éstas regulan sus actividades y miden sus progresos con objetivos y acontecimientos prescritos.

Todo funciona, de una manera u otra, con fijarse una meta. Aún el hombre que fracasa en la vida hizo un arreglo de metas que le provocó el fracaso. De hecho, muchos de nosotros planeamos *no* hacer cosas que pudieran hacernos exitosos.

Muchas veces, no nos damos cuenta de que estamos determinando metas. Siempre que hacemos planes para ir al supermercado, a la escuela, a la lavandería o encontrarnos con amigos a la hora de la comida, realmente estamos trazando metas.

Cuando no logramos lo que queremos lograr o no realizamos lo que deseamos realizar, el problema no está en fijar metas, por sí solas. Sino que, no determinamos metas para las cosas que realmente nos interesan o fijamos el tipo de metas equivocadas.

Un líder sabe cómo trazar las metas correctas. Esta es una actitud vital que se debe cultivar porque su futuro y su vida dependen de las metas que se fije—ya sea conciente o subconscientemente. A donde quiera llegar en su vida, ese será el resultado de las metas que trace o no, para su vida.

> TODO FUNCIONA CON FIJARSE METAS; UN LÍDER SABE CÓMO TRAZAAR LAS METAS CORRECTAS.

¿Qué debería determinar las metas que fijemos y los planes que tracemos? Nuestro propósito y visión en la vida. **El éxito viene de la disciplina de determinar metas de acuerdo a nuestro propósito.** En los últimos treinta y cinco años, he fijado metas para mi vida, y, tengo metas escritas para los próximos treinta años, porque he visto cuán exitoso resulta determinar las metas.

La relación entre el propósito y los planes

El libro de Proverbios dice: "Muchos pensamientos hay en el corazón del hombre; más el consejo de Jehová permanecerá". De acuerdo a la sabiduría de esta declaración, podemos entender tres cosas sobre la relación entre el propósito y los planes (la determinación de metas):

1. El propósito es más importante que los planes.
2. El propósito es más poderoso que los planes.
3. El propósito antecede a los planes porque el Creador estableció nuestros propósitos aun antes de haber nacido.

Trazando metas

Debemos conocer y enfocarnos en nuestros propósitos antes de que iniciemos la planificación, ya que los planes que le lleven a su propósito pueden ser contraproducentes. El propósito es la intención original de Dios. Por lo tanto, necesita conocer su destino.

Proteja sus metas

Las metas nos protegen de las influencias excesivas de otras personas. **Los verdaderos líderes siempre son entusiastas y celosos de sus metas porque estas metas representan sus vidas.** Cuando nuestras metas cambian, nuestras vidas cambian; por lo que debemos ser cuidadosos de guardar nuestras metas.

Las metas nos protegen de las influencias excesivas de los demás.

Si usted no tiene ninguna meta, las demás personas van a regir su vida. Salomón, el gran rey de Israel declaró: "Como ciudad derribada y sin muro es el hombre cuyo espíritu no tiene rienda". Si nada controla y ordena su vida, entonces, usted queda abierto para que las otras personas lo manipulen y no realizará su propósito. Recuerde que, entre más exitoso sea, más personas competirán por su tiempo, así es que debe preservar sus metas aún más cuidadosamente.

Una vez que conozca su propósito, usted necesita entender lo que una meta realmente es.

¿Qué es una Meta?

- Una meta es un punto establecido para el logro que guía a una mayor realización.

El Espíritu de Liderazgo

- Una meta es un punto de medida para progresar hacia un propósito máximo.
- Una meta es un prerrequisito para lograr un plan máximo.

El poder de las Metas

Las metas nos dan una estructura para llevar a cabo nuestros planes, un paso a la vez. Nos dan el punto de inicio y final, y, nos ayudan a enfocarnos. Seguidamente se dan algunos de los beneficios de las metas:

- Las metas separan a los exitosos de los soñadores.
- Determinar metas es el arte de la disciplina.
- Las metas son el esqueleto del plan.
- Las metas da especificaciones al plan.
- Las metas crean puntos centrales para nuestra energía.
- Las metas nos protegen de la demora.

Principios de las Metas

Es de mucha ayuda tener algunas pautas para el desarrollo y registro de nuestras metas porque, caso contrario, podemos perder fácilmente la visión de ellas y su relación para con nuestro propósito:

- Las metas debe ser definidas.
- Las metas deben ser simplificadas.
- Las metas deben ser escritas.
- Las metas deben ser visuales.
- Las metas deben relacionarse al propósito máximo.

Trazando metas

- Las metas deben ser mensurables.
- Las metas deben ser flexibles.

Liderazgo y Metas

Finalmente, los verdaderos líderes conocen la naturaleza y el valor de las metas, y cómo éstas afectan e influencian sus vidas. Esta es la razón por la que los líderes tienen la siguiente relación con sus metas:

- Los líderes estipulan sus metas.
- Los líderes comunican sus metas.
- Los líderes se comprometen con sus metas.
- Los líderes son regulados por sus metas.
- Los líderes son disciplinados por sus metas.
- Los líderes se mantienen conforme a sus metas.
- Los líderes creen en sus metas.
- Los líderes se enfocan en sus metas.
- Los líderes miden sus progresos y exitos conforme a sus metas.
- Los líderes revisan sus metas cuando es necesario.
- Los líderes protegen sus metas de la interferencia.
- Los líderes transfieren sus metas a sus compañeros y a la siguiente generación.

Si usted quiere ser exitoso como líder en su dominio, trace metas para su vida. **El secreto para el éxito del liderazgo es vivir una vida bien enfocada y de acuerdo con su propósito.**

CAPÍTULO CATORCE
Actitud #5
Trabajo en equipo

Unirse es un comienzo. Mantenerse juntos es progreso.
Trabajar juntos es el éxito.
—Henry Ford

Todos los verdaderos líderes poseen una actitud de trabajar en equipo porque no les importa quien se lleva el crédito. Ellos mueven a las personas de sus metas personales y privadas para servir en las necesidades del bien común. Un espíritu de equipo manifiesta la diferencia entre la ambición y la búsqueda del destino dado por Dios: La ambición es algo privado que usted quiere lograr sólo para su beneficio propio, mientras que el destino es un panorama mayor que involucra el beneficiar a otros.

Un líder siempre es alguien que trabaja en equipo. Los verdaderos líderes siempre son concientes de que ninguna realización se ha logrado por un solo individuo. Este es un principio práctico, pero también es por diseño. El humano fue creado para que las personas pudieran beneficiarse las unas de las otras, en mutua contribución mientras viven y trabajan juntos. Es por ésto que ellos no deben ser centralistas, deberán aprender a cuidar de las necesidades de los demás y estar

Trabajo en equipo

dispuestos a multiplicar el alcance de sus dones por medio de la combinación de sus talentos al crear y producir cosas. Después de todo, Dios mismo piensa como un ser de Espíritu unificado, expresa su actividad creativa por medio del equipo de trabajo divino del Padre, el Hijo y el Espíritu Santo.

Un líder sabe que cada persona fue creada para suplir una necesidad. Todos tenemos una habilidad que nadie más tiene, y, es indispensable en el mundo. De la misma manera, por sus dones y perspectivas únicos, cada ser humano es una solución para cierto problema que necesita ser resuelto.

Los verdaderos líderes tienen una actitud de trabajo en equipo; no les importa quien se lleve el crédito.

La actitud de trabajar en equipo es también un espíritu humilde que reconoce que tiene fortalezas y debilidades, y, necesita de las fortalezas y el apoyo de los demás en momentos de debilidad. Para convertirse en el líder para lo cual fue creado, usted debe aceptar y estimular los dones, habilidades y diferencias únicas de cada quien, y, valorar que cada miembro del equipo [unidos] hace un todo. **El éxito del liderazgo es medido por cuánto trabajo alguien puede realizar dentro del equipo.**

Principios del trabajo en equipo

El trabajo en equipo es definido como la habilidad de trabajar juntos hacia una visión en común. Debido a que ésto dirige realizaciones individuales hacia los objetivos organizacionales, el trabajo en equipo es el combustible que permite a la gente común obtener resultados no comunes. Miremos algunos principios del trabajo en equipo:

El Espíritu de Liderazgo

1. El compañerismo es idea del Creador.

   Cuando el Creador primeramente trajo al humano al mundo, tenía en mente la idea del compañerismo: "No es bueno que el hombre esté solo; le haré ayuda idónea para él".

2. El trabajo en equipo es necesario para el cumplimiento del propósito.

   De nuevo, en la creación, Dios dijo: "Hagamos al hombre a nuestra imagen, conforme a nuestra semejanza; y señoree". El mandato del dominio sobre la tierra, lo que requiere del espíritu de liderazgo, fue dado a ambos, hombres y mujeres. Esto quiere decir que el trabajo en equipo es un requisito incorporado para el cumplimiento de nuestros propósitos en el mundo.

3. El trabajo en equipo es el plan del Creador para el liderazgo.

   Aunque Dios con frecuencia llama a los individuos para llevar a cabo su propósito, Él no quiere que busquen su llamado solos. Aún Moisés, quien fue llamado el amigo de Dios e hizo cosas extraordinarias, necesitó ayuda en su liderazgo. En el libro del profeta Miqueas, Dios dijo: "Envié delante de ti a Moisés, a Aaron y a María". Moisés no gobernó solo, sino que se le dio la ayuda de su hermano y hermana. En el momento en que Moisés trató de tomar muchas responsabilidades, su suegro le recordó que necesitaba delegar responsabilidades o el trabajo sería mucho para él. También miramos la idea del trabajo en equipo en la iglesia del primer siglo con los equipos de viajes de Pablo y Barnabé,

TRABAJO EN EQUIPO

Pedro y Juan, Priscila y Aquila. Cuando Pablo trabajó con las iglesias que fundó, con frecuencia tenía compañeros de trabajo quienes le ayudaron.

4. EL TRABAJO EN EQUIPO FUE ENFATIZADO POR JESÚS.

Jesús mismo no realizaba solo Su ministerio, sino que juntó a un grupo de doce discípulos para que le ayudaran y aprendieran de Su ejemplo. Cuando envió a Sus discípulos al ministerio, les dijo que fueran de dos en dos.

EL TRABAJO EN EQUIPO INTRÍNSICAMENTE APRECIA LA DIVERSIDAD DE DONES.

LOS BENEFICIOS DE TRABAJAR EN EQUIPO

De nuevo, el trabajo en equipo intrínsicamente aprecia la diversidad de dones que los miembros del equipo traen al compañero o al grupo. Pablo escribió: "Porque de la manera que en un cuerpo tenemos muchos miembros, pero no todos los miembros tienen la misma función, así nosotros, siendo muchos, somos un cuerpo en Cristo, y todos miembros los unos de los otros. De manera que, teniendo diferentes dones, según la gracia que nos es dada". El espíritu de trabajar en equipo ofrece los siguientes beneficios:

- El trabajo en equipo da la oportunidad para la participación.
- El trabajo en equipo provee el ambiente para que los talentos y dones de las personas sean dados a conocer.
- El trabajo en equipo da satisfacción personal y colectiva.

El Espíritu de Liderazgo

- El trabajo en equipo da valor a cada parte y miembro.
- El trabajo en equipo reconoce el valor de cada parte y/o persona.

Un eficaz trabajo en equipo

¿Cómo puede reflejar mejor la actitud de trabajar en equipo? Glenn Parker, en su libro *Teamwork* (*Trabajo en equipo*), ofrece algunos principios útiles referentes a las claves para los programas eficaces de trabajo en equipo.

- Empiece con metas en equipo.
- Seleccione las personas apropiadas.
- Defina las funciones de cada uno.
- Faculte al equipo.
  (Autorice el poder de decisión).
- Abra su banco de talentos.
- Aprecie las diferencias de estilos.
- Establezca reglas básicas.
- Cree una atmósfera relajada.
- Prepare un plan de trabajo.
- Obtenga el trabajo terminado.
- Sostenga reuniones eficientes.
- Construya redes de trabajo externas.
- Resuelva los conflictos eficazmente.
- Edifique un clima de confianza.
- Comunique—y ¡comunique!
- Mantenga a todos comprometidos.
- Tome decisiones por consenso.

Trabajo en equipo

- Recompense los resultados del equipo.
- Valore el desempeño del equipo.
- Celebre los logros del equipo.[36]

Para manifestar su verdadera actitud de liderazgo, usted debe poseer el espíritu de trabajar en equipo y saber que, como Ken Blanchard dice: "Ninguno de nosotros es más inteligente que todos nosotros juntos".[37] Los líderes saben que nadie puede ser mejor en todo. Pero cuando todos combinamos nuestros talentos, podemos ser lo mejor en prácticamente todo.

"No hay límite en lo que podemos realizar si no importa quien se lleve el crédito".
—Ralph Waldo Emerson

CAPÍTULO QUINCE
Actitud #6
Innovación

No se resista al cambio; contribuya a él.

E l espíritu del verdadero liderazgo siempre se manifiesta en una actitud innovadora. La misma naturaleza de liderar, exige un espíritu de innovación a medida que los líderes llevan a sus seguidores hacia un mundo de visión todavía no descubierto.

La innovación es la reserva creativa de los verdaderos líderes. La meta máxima del liderazgo es el logro exitoso y la realización de una visión predeterminada para cumplir un propósito primario. La función del líder es proveer un sentido de propósito, visión, motivación, entusiasmo y un ambiente productivo para realizar dicha labor. Una cualidad clave del liderazgo en este sentido, es una mentalidad innovadora y creativa.

Mentalidad de innovación

Una de las características principales de los líderes eficaces es su habilidad de pensar fuera de su contexto. Los líderes aprenden de sus experiencias, pero nunca viven de ellas. Nunca viven sus vidas por experiencias previas o de lo

Innovación

contrario se atrincherarían en el pasado. **Los líderes no permiten que el pasado dicte o entrampe al futuro.** Poseen la capacidad de combinar antiguas ideas y conceptos para crear nuevas. Nunca creen que existe sólo una manera de realizar alguna tarea. **Los verdaderos líderes nunca son prisioneros de la tradición.**

Nuestra habilidad para innovar viene del hecho de que somos creados a la imagen de nuestro Creador.

A la luz de la determinación de la mentalidad del innovador, miremos algunas definiciones de innovación. La innovación es:

- La capacidad de crear nuevos métodos y conceptos para tratar con antiguos y nuevos desafíos.
- La percepción de ver posibilidades en la combinación de antiguos y nuevos conceptos.
- La creación, desarrollo y aplicación de formas no probadas para resolver antiguos y nuevos problemas.
- La capacidad de pensar más allá de lo conocido, desafiando la norma y creer en las habilidades personales para resolver los problemas.

El spíritu innovador del Creador

Nuestra habilidad para innovar viene del hecho de que somos creados a la imagen y semejanza de nuestro Creador. Pablo, el escritor del primer siglo, dijo que "revestido del nuevo, el cual conforme a la imagen del que lo creó se va renovando hasta el conocimiento pleno". Esto quiere decir que mientras más seamos transformados a la imagen de Aquel que nos creó, más innovadores deberíamos ser.

El Espíritu de Liderazgo

Un examen de las actitudes y las acciones del Espíritu innovador del Creador nos lleva a las siguientes conclusiones. El Creador:

- Creó con diversidad; nunca repitió nada en la creación.
- Nunca hizo el mismo milagro dos veces de la misma manera.
- Siempre resolvió los problemas de maneras inesperadas y no tradicionales.
- Desafió a la humanidad a pensar más allá de su experiencia actual.
- Nunca creyó que algo fuera imposible.
- Nunca trató con la humanidad de acuerdo a sus normas y expectativas.

Jesús el Innovador

Uno de los ejemplos más grandes del liderazgo del espíritu de innovación es el líder máximo y joven rabino judío, Jesús. Durante su tiempo en la tierra, hace unos dos mil años, demostró el mismo espíritu innovador del Padre celestial. Su creatividad fue manifestada a través de toda Su obra entre los hombres. Al ejecutar Sus milagros, nunca repitió un mismo método pero siempre usó un procedimiento diferente para resolver cada problema.

Por ejemplo, sanó a ciegos usando varios métodos diferentes. Para algunos, sólo tocó sus ojos y fueron sanados. Para otro, impuso Sus manos en los ojos de la persona y les puso lodo, y volvió a imponer Sus manos para que recibiera su vista. Incluso a otro, sólo le dijo las palabras: "Vete, tu fe te ha salvado" y la persona fue sanada.

Innovación

Cuando Jesús quiso alimentar a miles de personas que se juntaron para escucharlo, no les dijo a Sus discípulos que fueran a comprar alimento al mercado, sino que multiplicó cinco panes y dos peces para que todos fueran alimentados y tuvieron sobras para repartir.

Cuando Él resucitó a los muertos, lo hizo de varias maneras diferentes. Una vez, tocó el ataúd de un hombre joven y luego le dijo que se levantara; en otra ocasión, tomó de la mano a una niña y le dijo que se levantara; en otra ocasión, llamó a Lázaro, quien todavía estaba en su tumba. Cada ocasión fue única y con seguridad llevada a cabo conforme al individuo o para los propósitos específicos de Dios en ese momento.

Jesús también fue innovador en sus métodos de viaje. Mientras todos cruzaban el río en botes, hubo una o dos ocasiones en que caminó sobre las aguas.

Finalmente, en una ocasión Jesús y Sus discípulos necesitaron pagar los impuestos y Pedro estaba preocupado, Jesús le dijo que fuera a pescar y que el primer pez que atrapara tendría una moneda dentro de la boca que podían usar para pagar los impuestos. Su estilo de liderazgo muestra que el verdadero liderazgo exige que siempre consideremos nuevas maneras para resolver los antiguos problemas.

"Olvidar las cosas pasadas"

Teniendo una mentalidad predeterminada, entorpece al liderazgo del espíritu de innovación. En el libro del profeta Isaías, Dios dijo: "No os acordéis de las cosas pasadas, ni traigáis a memoria las cosas antiguas. He aquí que yo hago cosa nueva; pronto saldrá a la luz; ¿no la conoceréis?" Podemos aplicar estas declaraciones en nuestro desarrollo como innovadores.

El Espíritu de Liderazgo

Siempre que encuentre un proyecto, desafío o problema, practique el pensar en nuevas maneras y con diferente mentalidad. Pídale al Creador que le dé una nueva perspectiva y ¡vea lo que sucede! Como Pablo escribió: "Y a Aquel que es poderoso para hacer todas las cosas mucho más abundantemente de lo que pedimos o entendemos, según el poder que actúa en nosotros".

Para llegar a ser el líder para lo cual nació y para manifestar el espíritu de liderazgo escondido y adormitado dentro suyo, usted debe cultivar el espíritu de innovación. No se atemorice de salir de la mediocridad. Controle la creatividad y explore los mundos inexplorados de lo no probado.

No se atemorice de salir de la mediocridad.

Los líderes no siguen los senderos—ellos abren caminos. Se aventuran donde otros ni intentan pasar. Saben que el horizonte de la vida ofrece grandes oportunidades. Los líderes toman tiempo para sentarse y pensar en las cosas que todavía no han hecho y luego hacen planes para llevarlas a cabo. **Aventúrese en la zona desconocida—innove.**

CAPÍTULO DIECISÉIS
Actitud #7
Rendir cuentas

*La autoridad es 20 por ciento dada y
80 por ciento tomada.*
—Peter Ueberroth[38]

El espíritu del verdadero liderazgo siempre posee un sentido de rendir cuentas y de responsabilidad. **Los verdaderos líderes voluntariamente acogen la sumisión a sus autoridades y son concientes de su mayordomía de la confianza dada a ellos por aquellos a quienes sirven.** El espíritu de liderazgo busca ser fiel a la sagrada confianza de los seguidores, en vez de hacer lo que complazca al líder.

En este capítulo, quiero enfatizar un peligro potencial en el cual caen los líderes y lo que podemos hacer para prevenirlo. Como ya mencioné anteriormente, la clave para el buen liderazgo es el poder para influenciar a través de la inspiración, no la manipulación. El peligro del liderazgo es su potencial de ejercer el poder sin rendirle cuentas a nadie. La dictadura y la tiranía ocurren por la ausencia de la sumisión del líder hacia las autoridades.

Por lo tanto, la protección del liderazgo es la sumisión voluntaria hacia una confiada autoridad. El espíritu de rendir cuentas es la manifestación activa de la sumisión hacia la autoridad.

¿Rendirle cuentas a quién?

Iniciemos por clarificar a quién debe rendirle cuentas el líder:

1. A sí mismo (su conciencia).
2. A los socios.
3. A la familia humana en general.
4. Ante el Creador, como la máxima autoridad.

Todos los verdaderos líderes son concientes de sus responsabilidades hacia una autoridad mayor. Particularmente con relación al Creador, son concientes que deben rendir cuentas ante Dios por sus palabras y acciones.

Los líderes y el rendir cuentas

Un verdadero líder siempre está conciente de que no es la ley para sí mismo, sino que deberá apoyar las leyes establecidas y tratar a los demás con respeto, como personas hechas a la imagen y semejanza del Creador. También escucha los consejos y experiencias de autoridades confiables.

¿Qué es rendir cuentas?

En pocas palabras, el rendir cuenta es presentar un informe de nuestra conducta y progreso. También es admitir los motivos y razones para tomar ciertas acciones.

El líder que rinde cuentas

En la carta de Pablo al pueblo de Filipos, él explicó que Jesús voluntariamente le rindió cuentas al Padre cuando estuvo en la tierra.

Rendir cuentas

No mirando cada uno por lo suyo propio, sino cada cual también por lo de los otros. Haya, pues, en vosotros este sentir que hubo también en Cristo Jesús, el cual, siendo en forma de Dios, no estimó el ser igual a Dios como cosa a que aferrarse, sino que se despojo a sí mismo, tomando forma de siervo, hecho semejante a los hombres.

Un verdadero líder siempre está conciente de que no es la ley para sí mismo.

Jesús continuamente hacía referencia a rendir cuentas al Padre, haciendo declaraciones como: "Mi comida es que haga la voluntad del que me envió, y que acabe su obra" y el reconocimiento de la afirmación del Padre en Su liderazgo: "Las obras que el Padre me dio para que cumpliese, las mismas obras que yo hago, dan testimonio de mí, que el Padre me ha enviado". "La cual [el Hijo del Hombre] Dios os dará; porque a éste señaló Dios el Padre". Al desarrollar el espíritu de rendir cuentas, no podemos tener mejor ejemplo que éste.

¿Cómo debemos rendir cuentas?

Las siguientes son algunas pautas para incorporar el rendir cuentas en nuestra vida:

- Comprométase a sí mismo para rendir cuentas de sus convicciones personales.
- Establezca la Palabra de Dios como su juicio y autoridad final.
- Nombre y sométase un grupo de personas probadas, respetadas, confiables y maduras para que le aconsejen, corrijan, reprendan e instruyan.

El Espíritu de Liderazgo

- Escoja amigos quienes estén comprometidos a las altas normas de la Palabra de Dios y déles el derecho de juzgarlo por este medio.

Quizás el mejor consejo para rendir cuentas es el siguiente, el cual Pablo escribió a la iglesia del primer siglo en Colosas:

> Y todo lo que hagáis, hacedlo de corazón, como para el Señor y no para los hombres; sabiendo que del Señor recibiréis la recompensa de la herencia, porque a Cristo el Señor servís. Más el que hace injusticia, recibirá la injusticia que hiciere, porque no hay acepción de personas.

Para manifestar el liderazgo del espíritu escondido dentro suyo, usted debe aceptar la actitud de rendir cuentas. Siempre sea conciente de su responsabilidad ante aquellos que están sobre y debajo de usted, por todo lo que diga y haga. **Sea conciente que lo que haga como líder puede que sea personal, pero nunca es totalmente privado.** Su máxima responsabilidad es hacia el Creador de todos los líderes, quien conoce los pensamientos y las actitudes de su corazón.

Capítulo diecisiete
Actitud #8
Persistencia

El cambio es inevitable; el crecimiento es opcional.

Todos los verdaderos líderes cultivan la actitud de la persistencia. **El espíritu de liderazgo nunca se rinde hasta que logra su meta. Es un espíritu que nunca se rinde.**

Nada en el mundo puede tomar el lugar de la persistencia. El talento no lo hará—nada es más común que hombres fracasados con talentos. El ingenio no lo hará—el ingenio sin premio es casi un proverbio. La educación no lo hará—el mundo está lleno de educados negligentes. Sin embargo, la persistencia y la determinación, son fuerzas poderosas.

La persistencia es el producto de la fe que es generada por un propósito. Esto es:

- El poder para mantenerse, sin importar nada.
- El poder de soportar.
- La habilidad de enfrentarse a la derrota una y otra vez y no rendirse.
- La destreza de avanzar en contra de la dificultad, sabiendo que la victoria es suya.

El Espíritu de Liderazgo

- Sobrellevar el dolor para vencer cualquier obstáculo y hacer lo que sea necesario para alcanzar sus metas.

Los líderes persisten porque tienen una firme comprensión de sus propósitos, saben hacia donde van y confían que lo lograrán. Su persistencia es una manifestación que tiene una convicción sobre sus futuros basados en las visiones que les han sido dadas para sus vidas. **Los verdaderos líderes creen que la realización de sus propósitos no es opcional, sino que es una obligación y una necesidad, por lo que nunca pueden pensar en rendirse.**

El espíritu de liderazgo es un espíritu que nunca se rinde.

Jesús dijo una maravillosa parábola que nos da un panorama perfecto de la persistencia. Está registrada en el evangelio escrito por Lucas, el doctor del primer siglo:

> Había en una ciudad un juez, que ni temía a Dios, ni respetaba a hombre. Había también en aquella ciudad una viuda, la cual venía a él, diciendo: Hazme justicia de mi adversario. Y él no quiso por algún tiempo; pero después de esto dijo dentro de sí: Aunque ni temo a Dios, ni tengo respeto a hombre, sin embargo, porque esta viuda me es molesta, le haré justicia, no sea que viniendo de continuo, me agote la paciencia. Y dijo el Señor: Oíd lo que dijo el juez injusto. ¿Y acaso Dios no hará justicia a sus escogidos, que claman a él día y noche? ¿Se tardará en responderles? Os digo que pronto les hará justicia. Pero cuando venga el Hijo del Hombre, ¿hallará fe en la tierra?.

Persistencia

Esta parábola ilustra el poder que puede tener la persistencia en realizar lo que realmente deseamos. En otra ocasión, Jesús dijo una parábola similar que nos da ánimo ya que el éxito llega a aquellos que persisten—no sólo en el reino natural, sino también, en el reino espiritual.

¿Quién de vosotros que tenga un amigo, y viene a él a medianoche y le dice: Amigo, préstame tres panes, porque un amigo mí ha venido a mí de viaje, y no tengo qué ponerle delante; y aquel, respondiendo desde adentro, le dice: No me molestes; la puerta ya está cerrada, y mis niños están conmigo en cama; no puedo levantarme, y dártelos? Os digo, que aunque no se levante a dárselos por ser su amigo, sin embargo por su importunidad se levantará y le dará todo lo que necesite. Y yo os digo: Pedid, y se os dará; buscad, y hallaréis; llamad, y se os abrirá.

A medida que usted desarrolla el espíritu de persistencia, recuerde estas verdades sobre la naturaleza de su Creador y su propia persistencia en llevar a cabo Sus propósitos para usted: (1) Dios es fiel; (2) Dios no miente; (3) Dios ha establecido Su Palabra; (4) su propósito ya ha sido cumplido en él; (5) Dios se deleita en usted y le considera Su hijo.

A continuación, algunos adagios alentadores y provocadores sobre el valor de la persistencia:

El éxito parece ser en gran parte, un asunto de perseverar en donde otros se han rendido.
—William Feather

El esfuerzo sólo entrega su premio completamente, después que una persona se niega a rendirse.
—Napoleon Hill

El Espíritu de Liderazgo

Todos los grandes logros requieren tiempo.
—Anne Frank

Las personas exitosas se mantienen activas. Cometen errores, pero no se rinden.
—Conrad Hilton

El esfuerzo constante y determinado es el que rompe toda resistencia, arrasando con todos los obstáculos.
—Claude M. Bistol

El éxito es el fracaso de cabezas.
—Anónimo

Si ha estado tambaleante en la búsqueda de su propósito, empiece de nuevo, haga nuevos planes para que tomen el lugar de los antiguos planes que no funcionan y ¡deténgase sólo cuando haya terminado!

CAPÍTULO DIECIOCHO
Actitud #9
Disciplina

"Porque no nos ha dado Dios espíritu de cobardía, sino de poder, de amor, de dominio propio".
—2da Timoteo 1:7

Una de las actitudes claves del verdadero liderazgo es la de una firme auto-disciplina. Los líderes genuinos entienden que la auto-disciplina es la manifestación de la forma más alta de gobierno—un auto-gobierno. **El verdadero espíritu de liderazgo cultiva el auto-control que regula el enfoque y ordena la vida personal.** El estilo de vida disciplinado distingue a los líderes de los seguidores.

¿QUÉ ES DISCIPLINA?

Cualquier estudio de las características de los verdaderos líderes revelará que todos exhiben una firme auto-disciplina, usualmente motivada por una pasión, generada por un sentido de propósito y visión. Todos los líderes son "prisioneros" de la pasión de sus propósitos.

La disciplina puede ser definida como las normas auto-impuestas y restricciones motivadas por un deseo que es mayor a las alternativas. Es un principio propio. La naturaleza de la disciplina es la dirección propia regulada por un código de conducta para mantenerse con un juego de metas y compromisos dictados por un resultado propuesto. La disciplina es una serie de decisiones prescritas por un destino determinado.

> La disciplina es una serie de decisiones prescritas por un destino determinado.

El espíritu de disciplina está enraizado en el dominio propio, el cual es fruto del Espíritu. Los líderes viven con el conocimiento que:

- Aquel que no puede controlar sus pensamientos, nunca se controlará a sí mismo.
- Aquel que no puede gobernarse a sí mismo, nunca controlará la vida.
- Aquel que no puede gobernarse a sí mismo, nunca controlará una nación.
- Aquel que no puede controlarse a sí mismo, será controlado por los demás.

La disciplina dirige la transformación personal

Los líderes saben que el tipo de control más poderoso es la auto-disciplina porque es la más difícil de dominar, pero cosecha la mayor de las recompensas. Por lo tanto, están más preocupados en controlarse a sí mismos que en controlar a los demás.

De acuerdo a la Real Academia Española, las palabras *discípulo* y *disciplina* [o disciplinar] tienen la misma raíz de palabra que significa "alumno". Un discípulo es un estudiante

Disciplina

o aprendiz que está dedicado, concentrado y enfocado en una instrucción o comprometido al aprendizaje para pensar como su maestro o maestra. Es por esto que los seguidores del máximo maestro, Jesucristo, fueron llamados sus discípulos, porque su intención fue llevarlos a través de su "escuela de pensamiento" y cambiar sus pensamientos para que fueran enseñados como Él.

Un discípulo es considerado un aprendiz, alguien que es dado o sometido a la tutoría de un maestro. Es alguien que voluntariamente entrega su voluntad a la influencia de otro para obtener el conocimiento, pensamientos y filosofía del maestro, para el propósito de una transformación personal. Todos los verdaderos líderes son estudiantes de la vida y por vida.

Visión y disciplina

De nuevo, **la visión es la fuente de la disciplina del líder.** Los pensamientos del gran rey Salomón, sobre la visión se encuentran en su libro de la sabiduría, llamado Proverbios: "Sin profecía el pueblo se desenfrena". Varias traducciones de este versículo nos dan pensamientos adicionales de su significado: "Donde no hay visión, el pueblo se desenfrena [envilece]". "Donde no hay visión, el pueblo se extravía [deprava]".

La visión es la fuente de la disciplina y la madre del liderazgo.

La visión es la fuente de la disciplina y la madre del liderazgo. Como ya lo mencioné anteriormente, el hombre o la mujer con una visión clara, vive una vida bien enfocada que requiere de un firme dominio propio. Esto hace la vida más simple porque:

El Espíritu de Liderazgo

1. La visión escoge su futuro.
2. La visión escoge el uso de su tiempo.
3. La visión escoge sus prioridades.
4. La visión escoge a sus amigos.
5. La visión escoge su material de lectura.
6. La visión escoge el uso de su energía.
7. La visión escoge sus pasatiempos.
8. La visión escoge las películas que mira.
9. La visión escoge su dieta.
10. La visión escoge cómo invertir su dinero.
11. La visión escoge su lista de cosas por hacer.
12. La visión escoge su actitud hacia la vida.
13. La visión escoge su plan de vida.
14. La visión escoge su vida.

Para manifestar el liderazgo del espíritu dentro de usted, debe cultivar una vida disciplinada y regular sus pensamientos y actividades basados en los resultados que desee para su vida. El espíritu de liderazgo es un espíritu de disciplina.

Capítulo Diecinueve
Actitud #10
Cultivación propia

Acepte el poder en la auto-capacitación.

Los verdaderos líderes poseen la actitud del liderazgo de la cultivación propia, una pasión por el desarrollo personal. Algunas marcas del genuino espíritu de liderazgo son el deseo y compromiso de obtener conocimiento e ideas para mantenerse mejorando y para aprender de los demás.

Los líderes son lectores consumados y siempre están buscando oportunidades para avanzar en sus conocimientos. Crean sus propias oportunidades de aprendizaje y facilitan sus propios ambientes educativos. La colección personal de libros, usualmente, es la mayor posesión del líder.

Para convertirse en el líder que fue destinado ser, usted debe convertir su hogar en una universidad y su vehículo en un salón móvil de seminario. Los líderes saben que nunca deben parar de expandir su base de conocimiento. La actitud de la cultivación propia también les lleva a extender su conocimiento más allá de sus áreas particulares de enfoque para ser versátiles cuando sea necesario. Los líderes estudian más allá del reino de sus propias disciplinas—pero de

El Espíritu de Liderazgo

manera que le ayuden a avanzar en sus propósitos y visiones.

A medida que busca el espíritu de liderazgo, considere los siguientes métodos de cultivación propia:

Los verdaderos líderes poseen pasión por el desarrollo personal.

- Material escrito: libros, revistas, periódicos, gacetas, manuales instructivos.
- Material visual: documentales, películas, programas de televisión, programas de computadora, Internet.
- Contacto personal: oradores, grupos de discusión, grupos de estudio bíblico, organizaciones profesionales y sociales, consejería, amistades.
- Experiencia personal: desarrollo de destrezas, talentos, pasatiempos y otras áreas de interés.

Capítulo veinte
Actitudes del liderazgo para cultivar

Usted se convierte en lo que piensa.

El tema del liderazgo ha sido estudiado e investigado por muchas personas a través de la historia. Desde el principio, los psicólogos sociales han hecho del liderazgo el un enfoque primordial de su investigación. Uno de los descubrimientos más consistentes de los historiadores, sociólogos y psicólogos sociales empíricamente orientados, es que la naturaleza y el tipo de liderazgo demostrado depende de la situación en particular, las tareas a realizarse y la característica única del líder y sus subordinados.

Los líderes deben poseer una combinación de actitudes que acojan un espíritu que refleje el corazón y la imagen del Creador. El liderazgo es tanto simple como difícil porque exige la integración de lo siguiente:

1. Creer en sí mismo
2. Pasión por la tarea asignada
3. Amor por las personas
4. Voluntad y capacidad para caminar solo
5. Sentido de satisfacción por el éxito de los demás

El Espíritu de Liderazgo

Manifestando su verdadero potencial de liderazgo

Como ya hemos discutido a lo largo de este libro, la actitud es la clave para la manifestación de nuestro verdadero potencial de liderazgo. La actitud se define como la determinación mental basada en sus creencias y convicciones, y, ésta motiva su conducta. Su actitud surge de las creencias fundamentales, convicciones y opiniones que tenga de sí mismo, sus habilidades, su mundo, y los demás, y es manifestada en su grado de auto-confianza.

> La actitud es la clave del liderazgo, y, ésta motiva su conducta.

Su actitud puede ser transformada por el descubrimiento de su verdadero auto-valor, su verdadero potencial y su compromiso para lograrlo. **La actitud del liderazgo tiene más que ver con su expresión total que con el intento de ser probada ante los demás.**

Además de las diez actitudes descritas en este libro, el verdadero liderazgo requiere una cantidad de otros atributos que son indispensables para el cumplimiento efectivo de la visión en el Siglo XXI. Los siguientes son lo que llamo "Actitudes que el líder debe desarrollar". Estas describen la determinación de la mente que todo líder debe aceptar, cultivar y exhibir en su ejercicio del liderazgo.

Actitudes que el líder debe desarrollar

1. El espíritu de flexibilidad: Habilidad de ver el fracaso como un paso temporal y necesario para el éxito.

Actitudes del liderazgo para cultivar

2. **El espíritu de denuedo:** Habilidad de transformar el temor en un motivador para la acción y el cambio.
3. **El espíritu de paciencia:** Creencia en el potencial del cambio y la habilidad para esperar por ello.
4. **El espíritu de compasión:** Sensibilidad por el mérito de los demás.
5. **El espíritu de auto-valor:** Creencia de la importancia personal en el mundo.
6. **El espíritu de auto-confianza:** Confianza en las habilidades inherentes de alguien.
7. **El espíritu de perseverancia:** Habilidad de nunca rendirse o darse por vencido al contexto de una situación.
8. **El espíritu de pensamiento estratégico:** Habilidad de planear en vez de entrar en pánico.
9. **El espíritu de administración del tiempo:** Aplicación conciente del tiempo a las metas.
10. **El Espíritu de alta tolerancia a la diversidad:** Creencia en la belleza y fortaleza de la variedad.
11. **El espíritu de auto-competencia:** Practica de nunca compararse a sí mismo con los demás, sino sólo con lo que personalmente ha sido o hecho anteriormente.

El liderazgo es un arte y una ciencia: Es lo innato pero aprendido; es lo inherente pero que debe ser desarrollado. El verdadero liderazgo es la esperanza del futuro de nuestro mundo y determinará el éxito o el fracaso de nuestros hogares, comunidades, ciudades, naciones o planeta. Si vamos a descubrir el verdadero potencial de liderazgo que reside dentro de nosotros, deberemos consultar y referirnos a nuestro

El Espíritu de Liderazgo

Creador omnipotente para la verdadera revelación de nuestra capacidad de liderazgo y reconectarnos a la verdadera esencia de nuestra asignación de liderazgo.

Liderazgo—Es nuestro pasado y nuestro destino

El liderazgo es realmente nuestro pasado y nuestro destino, y, es la única cosa que llenará nuestra pasión natural para la grandeza. Le desafío para que invierta tiempo con el Creador de su liderazgo del espíritu y descubra el maravilloso gozo que es el recibir el poder y el espíritu de dominio disponible a través de la relación intima con Él. Le insto para que se someta al Agente Autorizado que fue enviado para reconectarlo a usted consigo mismo y a Su propósito y plan para su vida.

Usted nació para liderar—no se conforme con menos.

Usted nació para liderar—no se conforme con menos. Su generación y su mundo esperan por su manifestación. Hágalo por las generaciones que no han nacido quienes deben construir sobre la base de su éxito como líder. Recuerde, la diferencia entre un seguidor y un líder es la actitud. Debemos poseer la actitud del liderazgo. Debemos pensar, hablar, caminar, vestir, actuar, responder, decidir, planear, trabajar, relacionarnos y vivir como líderes. Usted tiene el liderazgo del espíritu; ahora necesita la actitud del liderazgo.

Debemos cultivar la misma actitud que Caleb tenía a sus ochenta y cinco años de edad. Cuarenta y cinco años antes, había sido uno de los dos hombres, entre los diez espías

Actitudes del liderazgo para cultivar

enviados para explorar la tierra, quien creyó que los israelitas podían desafiar a sus enemigos y entrar en la Tierra Prometida. Cuando los israelitas finalmente entraron y la tierra había sido distribuida, él pudo haber escogido la vida tranquila en las planicies, pero él escogió las alturas de las montañas. Además, escogió la misma tierra de los descendientes de Anac, de quienes los otros diez espías habían dicho: "a nuestro parecer, como langostas; y así les parecíamos a ellos". Por cuarenta años, al deambular por el desierto, el espíritu de liderazgo de Caleb era tan fuerte que aparentemente, planeaba atacar a los más temibles adversarios de la tierra, cuando tuviera la oportunidad.

Aquí está la respuesta de Dios para Caleb, y creo que está será Su respuesta para usted, después que vuelva a leer este libro y empiece a desarrollar el espíritu de liderazgo en su propia vida:

> Pero mi siervo Caleb, por cuanto hubo en él otro espíritu, y decidió ir en pos de mí, yo le meteré en la tierra donde entró, y su descendencia la tendrá en posesión.

Fue su actitud la que hizo la diferencia. Aprópiese de esa actitud también.

Sirva con su don al mundo

Para convertirse en el líder para lo cual nació, usted debe descubrir quién es usted, su propósito en la vida y el diseño del Creador para su existencia. **Recuerde que un verdadero líder aprende de los demás pero nunca trata de convertirse en ellos. Usted debe ser genuino con usted mismo.** Los ingredientes y la esencia del liderazgo no pueden ser enseñados.

El Espíritu de Liderazgo

Deben ser descubiertos y aprendidos a través de la experiencia y el desarrollo. Esta capacidad de aprender reside dentro de cada uno de nosotros, y ahora depende de nosotros el decidir si nos convertimos o no, en los líderes que el Creador deseó que fuéramos.

El punto no es esforzarse para convertirse en un líder, sino descubrir y convertirse en su verdadero ser. **El liderazgo genuino es el descubrimiento del propósito personal y asignación en la vida, y, los inherentes dones y habilidades que vienen con esa asignación. Es el compromiso para servir con su don al mundo para mejorar las vidas de muchos.**

> La esencia del liderazgo no puede ser enseñada sino que debe ser descubierta.

Expresado simplemente, el verdadero liderazgo es servirse uno mismo al mundo. Por lo tanto, el liderazgo no es medido conforme a cuántas personas le sirven a usted, sino a cuántas personas usted les sirve. El espíritu de liderazgo fue definido por más de dos mil años por el más influyente y eficaz líder de todos los tiempos, un joven maestro, quien, cuando se le preguntó en cómo convertirse en gran líder, respondió: "El que quiera hacerse grande entre vosotros será vuestro servidor, y el que quiera ser el primero entre vosotros será vuestro siervo; como el Hijo del Hombre no vino para ser servido, sino para servir, y para dar su vida en rescate por muchos".

Apéndices:
Maximizando su potencial de liderazgo

Cualidades esenciales y características del verdadero liderazgo

Para cultivar el espíritu de liderazgo, debe practicar la integración de muchas cualidades y características en su vida. Estas son actitudes necesarias para el liderazgo efectivo y sirven como medidas de su refinamiento del liderazgo mientras continúa en el progreso de maximizar su verdadero potencial de liderazgo. Todos los verdaderos líderes poseen las siguientes actitudes—características del *espíritu de liderazgo:*

- ❏ **Visión:** Capacidad para ver más allá de los ojos naturales; es un panorama del propósito.

- ❏ **Sabiduría:** Capacidad de aplicar el conocimiento eficazmente.

- ❏ **Toma de decisión:** Habilidad de estudiar las consecuencias y tomar decisiones sanas sin temor; voluntad de fracasar en vez de evadir la responsabilidad.

- ❏ **Actitud positiva:** Habilidad de ver a las personas y situaciones de manera positiva.

Cualidades esenciales y características

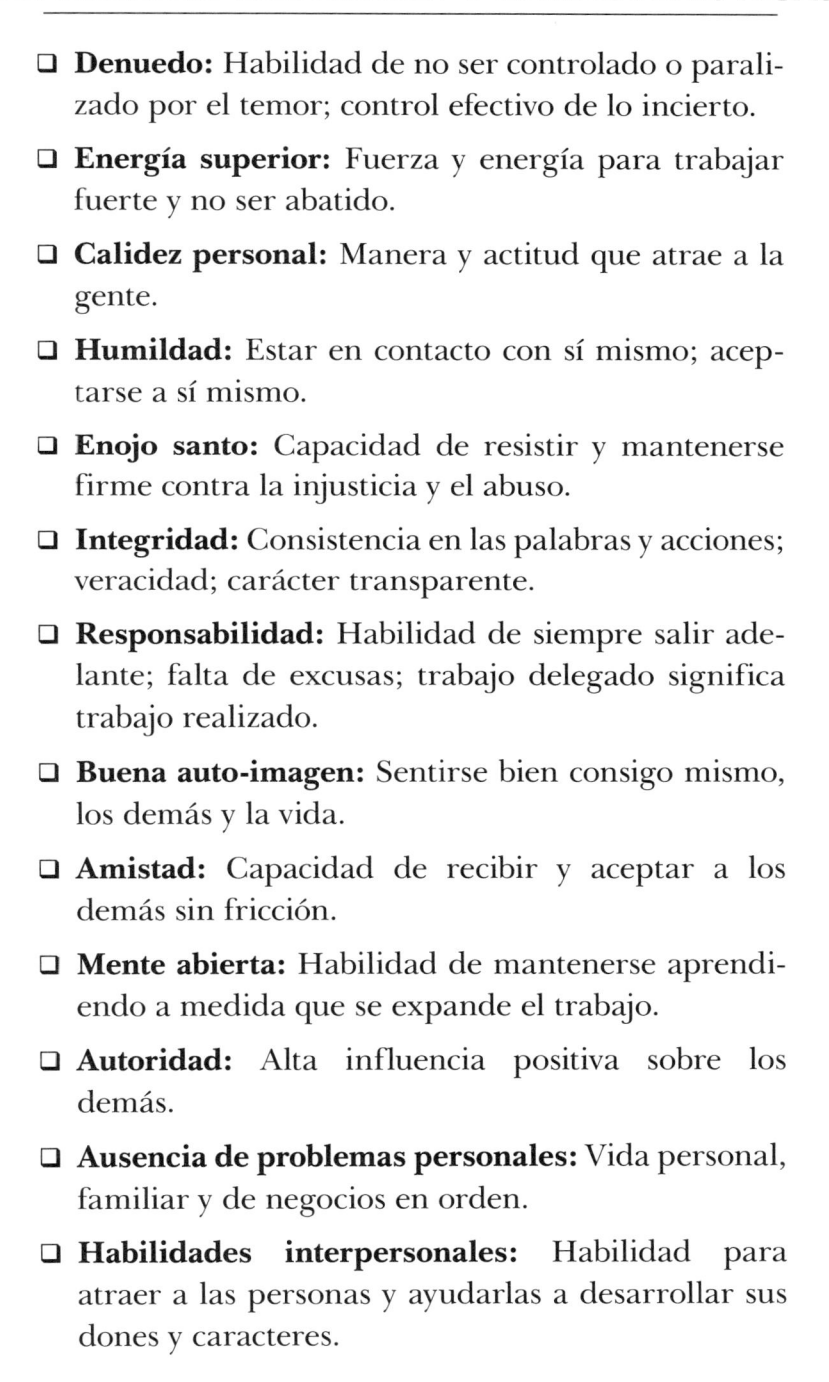

- **Denuedo:** Habilidad de no ser controlado o paralizado por el temor; control efectivo de lo incierto.
- **Energía superior:** Fuerza y energía para trabajar fuerte y no ser abatido.
- **Calidez personal:** Manera y actitud que atrae a la gente.
- **Humildad:** Estar en contacto con sí mismo; aceptarse a sí mismo.
- **Enojo santo:** Capacidad de resistir y mantenerse firme contra la injusticia y el abuso.
- **Integridad:** Consistencia en las palabras y acciones; veracidad; carácter transparente.
- **Responsabilidad:** Habilidad de siempre salir adelante; falta de excusas; trabajo delegado significa trabajo realizado.
- **Buena auto-imagen:** Sentirse bien consigo mismo, los demás y la vida.
- **Amistad:** Capacidad de recibir y aceptar a los demás sin fricción.
- **Mente abierta:** Habilidad de mantenerse aprendiendo a medida que se expande el trabajo.
- **Autoridad:** Alta influencia positiva sobre los demás.
- **Ausencia de problemas personales:** Vida personal, familiar y de negocios en orden.
- **Habilidades interpersonales:** Habilidad para atraer a las personas y ayudarlas a desarrollar sus dones y caracteres.

El espíritu de liderazgo

- **Poder inspiracional:** Habilidad de comunicar la pasión personal a los demás.
- **Sentido del humor:** Habilidad de reírse de sí mismo y de la vida, y, no tomar la vida tan seriamente.
- **Resistencia:** Habilidad de recuperarse cuando surgen los problemas.
- **Registro de indicios:** Experiencia y éxito en situaciones previas.
- **Gran deseo (pasión):** Anhelo por crecer y desarrollarse personalmente.
- **Dominio propio:** Disposición para "pagar el precio" y manejar el logro.
- **Creatividad:** Habilidad para hallar soluciones y arreglar los problemas.
- **Flexibilidad:** No asustarse del cambio; fluidez, fluir con el crecimiento.
- **Ver "todo el panorama":** Capaz de ver más allá de los intereses personales y ver un panorama global.
- **Iniciativa:** Habilidad de discernir en lo que se necesita ser llevado a cabo y empezar la acción.
- **Habilidad ejecutiva:** Habilidad para llevar a cabo las cosas; impulso para terminar una asignación.

Valores del espíritu de liderazgo

Los verdaderos líderes han cultivado un espíritu que valora los atributos que les distinguen de los seguidores. Si usted quiere manifestar sus verdaderas habilidades de liderazgo, también debe recibir, cultivar y valorar estos conceptos. Los he listado como valores de una sola palabra, pero usted puede elaborar en sus definiciones, basado en sus propias experiencias e investigaciones sobre el liderazgo:

- ❏ Rendir cuentas
- ❏ Logros
- ❏ Mejoramiento continúo
- ❏ Aprendizaje continúo
- ❏ Cooperación
- ❏ Denuedo
- ❏ Cortesía
- ❏ Creatividad
- ❏ Curiosidad
- ❏ Dignidad
- ❏ Autoridad
- ❏ Imparcialidad

El Espíritu de Liderazgo

- ❏ Fidelidad
- ❏ Planificación generacional
- ❏ Orientación a la meta
- ❏ Trabajo arduo
- ❏ Honor
- ❏ Honestidad
- ❏ Amor
- ❏ Lealtad
- ❏ Firmeza
- ❏ Persistencia
- ❏ Profesionalismo
- ❏ Mantener las promesas
- ❏ Puntualidad
- ❏ Calidad
- ❏ Confiabilidad
- ❏ Respeto
- ❏ Responsabilidad
- ❏ Servicio a los demás
- ❏ Madurez espiritual
- ❏ Estabilidad
- ❏ Trabajo en equipo
- ❏ Confianza

Use esta lista para desafiar su pensamiento e incorporar cada concepto en su estilo de vida diario. Comprométase a aplicar estos valores en todo lo que haga y diga. Practíquelos

Valores del espíritu de liderazgo

en su vida personal, relaciones familiares, trabajo, fe, escuela y vida comunitaria. Permita que su vida impregne el espíritu de liderazgo por todo el mundo y llegue usted a ser un portador de las buenas nuevas, que cada uno puede convertirse en el líder que él o ella fueron creados y destinados a ser. Permita que el espíritu de liderazgo emerja de donde ha estado escondido por tanto tiempo.

Transformando seguidores en líderes

Dentro de cada seguidor hay un líder no descubierto.

Los siguientes principios son críticos para que usted capture el espíritu de liderazgo por sí mismo e inste a los demás a recibirlo también. Todo tiene que ver con la *actitud*.

- El máximo llamado del verdadero liderazgo es el crecimiento y desarrollo de las personas.
- Los verdaderos líderes trabajan para el beneficio de los demás y no para ganancia personal.
- La lección más importante de liderazgo es el desarrollo propio.
- Nunca vuelva a decir: "Es muy tarde para que yo cambie". Nunca es tarde para efectuar el cambio.
- No todo cambio es para mejoramiento, pero sin el cambio no puede haber mejoramiento.
- No es lo que usted es, lo que le detiene. Es lo que piensa que *no* es, lo que le detiene.
- El que influencia a otros para liderar o para convertirse en líderes, es un líder sin limitaciones.

Transformando seguidores en líderes

- Las personas tienden a convertirse en lo que las personas más importantes en su vida piensan que se convertirá. Usted puede literalmente, cambiar las vidas de las personas por medio de su actitud y lo que espera de ellos.
- Los exitosos desarrolladores de personas hacen las suposiciones correctas sobre las personas. Nuestras suposiciones determinarán cuán exitosos somos al desarrollar el liderazgo en los demás.
- No podemos esperar por cosas en las cuales no estamos trabajando. Usted se convertirá sólo en lo que se está convirtiendo ahora mismo.

Una palabra para el Tercer Mundo

Mientras el futuro espera, el pasado compite con sus promesas. Pero, nunca le permita al pasado que dicte la calidad de su futuro. De los casi siete billones de personas en el planeta tierra, cerca de cuatro billones viven en países designados como países tercermundistas en desarrollo. A muchos de los ciudadanos de esos países se les ha robado la oportunidad y el derecho de descubrir, desarrollar y manifestar sus verdaderos potenciales de liderazgo debido a las ideologías y sistemas opresivos y debilitantes. El mayor impacto no han sido las restricciones físicas impuestas en ellos, sino el horrible daño mental impuesto en sus auto-conceptos, auto-valor y auto-estima. El resultado es una actitud que lucha para creer que no hay esperanza para sus sueños.

Lo que deseo decir a cada mente tercermundista es que la actitud lo es todo. Es más importante que los hechos. Es más importante que el pasado, que la educación, que el dinero, que las circunstancias, que los fracasos, que los logros y lo que los demás piensan, digan o hagan. Es más importante que la apariencia, las habilidades o destrezas. Ésta hará o llevará a la quiebra a una compañía, una iglesia o un hogar. El asunto más sobresaliente es que tenemos una elección con referencia a nuestra actitud.

Una palabra para el Tercer Mundo

La actitud es el poder del liderazgo. Nada puede detener a una persona de alcanzar el éxito si tiene la actitud correcta. Usted siempre puede alcanzar con su actitud lo que carece en educación. Pero nada puede ayudar a la persona que tiene la actitud equivocada.

No podemos cambiar el pasado o el hecho de que las personas actuarán de cierta manera. Tampoco podemos cambiar lo inevitable. Pero una cosa que sí podemos hacer es, cambiar nuestras actitudes. Recuerde que su actitud es su más importante valor. Inviértalo bien y permítale que se aprecie al alimentarla con influencias positivas. Ralph Waldo Emerson dijo: "Lo que está detrás y delante de nosotros son poca cosa comparado con lo que está dentro de nosotros".

Nuestras actitudes no pueden detener nuestros sentimientos, pero pueden prevenir que nuestros sentimientos nos detengan a nosotros. Somos responsables de nuestras actitudes. "El pesimista se queja del viento; el optimista espera que cambie; el [líder] ajusta las velas".[39] No podemos controlar la belleza de nuestros rostros, pero ¡podemos controlar las expresiones de ellos!

El futuro de nuestra familia, comunidad y país depende de nuestra respuesta a la necesidad por una nueva generación de líderes con una actitud nueva. Le desafío a que se reporte a la labor y lidere a su generación hacia un mundo mejor. Los niños que aún no han nacido lo merecen. La clave para el éxito es ésta:

"Trate de no convertirse en [persona] de éxito, mejor trate de convertirse en una [persona] de valor".[40]

Referencias de las Escrituras

Capítulo uno

Pág. 39: "Sea la luz" —Génesis 1:3.
Pág. 39: "Produzca la tierra…" —Génesis 1:24.
Pág. 39: "*Hagamos* al hombre…" —Génesis 1:26, el énfasis fue añadido.
Pág. 45: "Porque cual es su pensamiento en su corazón…" —Véase Proverbios 23:7.

Capítulo dos

Págs. 59–60: El relato de la vida de Moisés se encuentra en el libro de Éxodo.
Pág.60: "Tierra que fluye leche y miel" —Éxodo 33:3 y otros pasajes.
Págs. 62–63: El relato de la vida de Nehemías se encuentra en el libro de Nehemías.
Pág. 63: "Yo hago una gran obra…" —Véase Nehemías 6:3.
Págs. 63–64: El relato de la vida de la reina Ester se encuentra en el libro de Ester.
Pág. 64: "Haz llegado al reinado…" —Véase Ester 4:14.
Pág. 64: "Si perezco, que perezca" —Ester 4:16.
Págs. 65–67: El relato de la vida del rey David se encuentra en los libros de 1ra y 2da Samuel, 1ra Reyes y 1ra Crónicas.
Pág. 66: "¿Quién es este filisteo para que provoque…?" —Véase 1ra Samuel 17:26.
Pág. 66: "Varón conforme a su corazón" —1ra Samuel 13:14.
Págs. 72–74: El relato de la vida de Pablo se encuentra en el libro de Hechos. Su propósito y pasión pueden también ser vistos en las cartas que él escribió. Véase los libros de Romanos, 1ra y 2da Corintios, Gálatas, Efesios, Filipenses, Colosenses, 1ra y 2da Tesalonicenses, 1ra y 2da Timoteo, Tito y Filemón.
Pág. 73: "A griegos y a no griegos" —Romanos 1:14.
Pág. 73: "Pronto estoy a anunciaros" —Véase Romanos 1:15.
Pág. 73: "Porque no me avergüenzo del evangelio" —Romanos 1:16.
Pág. 73: El relato sobre los obstáculos de Pablo se encuentra en 2da Corintios 11:23–30.

Referencias de las Escrituras

Pág. 73: "En caminos muchas veces" —2da Corintios 11:26.
Págs. 73-74: "En trabajo..." —2da Corintios 11:27-30.
Pág. 77: "Tiempo para nacer y tiempo para morir" —Eclesiastés 3:2.

Capítulo tres

Pág. 87: "Produzca la tierra hierba verde" —Génesis 1:11–12.
Pág. 87: "Produzcan las aguas seres vivientes..." —Génesis 1:20–22.
Pág. 88: "Produzca la tierra seres vivientes..." —Génesis 1:24–25.
Pág. 88: "...Hagamos al hombre a nuestra imagen..." —Génesis 1:26 ("y señoree").
Pág. 91: "Y señoree en..." —Génesis 1:26.
Pág. 95: "Entonces se le acercó la madre de los hijos de Zebedeo..." —Mateo 20:20–26.
Pág. 96: "Sino que el que quiera hacerse grande..." Mateo 20:26–28.
Pág. 105: "Y te bendeciré..." –Véase Génesis 12:2–3.
Pág. 106: "...él te da el poder para hacer las riquezas" —Deuteronomio 8:18.
Pág. 106: "El amor al dinero..." —1ra Timoteo 6:10.
Pág. 106: "En aquella misma hora Jesús se regocijó..." —Lucas 10:21.
Pág. 107: "Ven..." —Véase Mateo 14:28-29.
Pág. 107: "Vayan, háganlo" —Véase Marcos 6:7-13.
Pág. 107: "Los gobernantes de las naciones..." —Véase Mateo 20:25–28.
Pág. 108: "Si alguno anhela..." —Véase 1ra Timoteo 3:1.
Pág. 108: Requisitos para el liderazgo —1ra Timoteo 3:2-12.
Pág. 109: "No se turbe vuestro corazón" —Juan 14:1–2.
Pág. 110–111: Versículo de los "Ángeles" —Judas 6.
Pág. 111: "Recibiréis poder" —Hechos 1:8.
Pág. 113: "Conoceré como fui conocido" —Véase 1ra Corintios 13:12.
Pág. 116: "Caminaron y hablaron con Dios..." —Véase Génesis 3:8.
Pág. 116: "¿Eres tú el rey?" —Véase Juan 18:33.
Pág. 116: "Mi reino no es de este mundo" —Juan 18:36.
Pág. 117: "Padre, perdónalos..." —Lucas 23:34.

El Espíritu de Liderazgo

Pág. 119: "El que no ama…" —1ra Juan 4:8–9.
Pág. 119: "Si alguno dice: Yo amo a Dios…" 1ra Juan 4:20–21.
Pág. 119: "…Amarás al Señor tu Dios…" —Mateo 22:37–40.

Capítulo cuatro

Pág. 126: "Porque cual es su pensamiento en su corazón…" –Véase Proverbios 23:7.
Pág. 131: "Amarás a Jehová tu Dios…" —Deuteronomio 6:5.
Pág. 131: "¿Cuál es el gran mandamiento en la ley? —Véase Mateo 22:36.
Pág. 131: "Amarás a tu prójimo como a ti mismo" —Mateo 22:39.
Pág. 132: "Si alguno dice: Yo amo a Dios…" —1ra Juan 4:20.
Pág. 136: "Porque de la abundancia del corazón…" —Mateo 12:34–35.
Pág. 136: "Pero lo que sale…" —Mateo 15:18–20.
Pág. 136: "El hombre bueno, saca lo bueno…" —Lucas 6:45.
Pág. 136: "Todo designio de los pensamientos…" —Génesis 6:5.
Pág. 137: "La misericordia y la verdad…" —Proverbios 3:3.
Pág. 137: "Del hombre son las disposiciones…" —Proverbios 16:1.
Pág. 137: "Yo Jehová, que escudriño la mente…" —Jeremías 17:10.
Pág. 137: "La palabra de Dios es viva…" —Hebreos 4:12.
Pág. 137: "No mires a tu parecer…" —1ra Samuel 16:7.
Pág. 138: "Donde esté vuestro tesoro…" —Mateo 6:21; Lucas 12:34.
Pág. 138: "Perdonáis de todo corazón a tu hermano…" —Mateo 22:37.
Pág. 138: "Amarás al Señor tu Dios…" —Mateo 22:37.
Pág. 138–139: "…cualquiera que dijere a este monte…" —Marcos 11:23.
Pág. 141: "Sobre todas las cosas guardada, guarda tu corazón…" —Proverbios 4:23.
Pág. 141: "Como en el agua el rostro corresponde al rostro…" —Proverbios 27:19.
Pág. 143: La verdad os hará libres —Véase Juan 8.32.
Pág. 144: Los seres humanos no aprobaron tener en cuenta a Dios. —Véase Romanos 1:28–31.
Pág. 145: "Es luz y no hay ningunas tinieblas en él" —1ra Juan 1:5.
Pág. 145: "El espíritu del hombre es lámpara" —Proverbios 20:27.

Referencias de las Escrituras

Pág. 146: "Tú encenderás mi lámpara..." —Salmos 18:28.
Pág. 146: "Nadie pone en oculto la luz..." —Lucas 11:33.

Capítulo cinco

Pág. 151: "Hizo nacer de la tierra..." —Génesis 2:9.
Pág. 151: "Produzcan las aguas..." —Génesis 1:20.
Pág. 153: "Hagamos al hombre a nuestra imagen..." —Génesis 1:26.
Pág. 153: "Creó Dios al hombre a su imagen" —Génesis 1:27.
Pág. 153: "Jehová Dios formó al hombre" —Génesis 2:7.
Pág. 153: "Hizo a la mujer" —Génesis 2:22.
Pág. 154: "Sea la luz..." —Génesis 1:3.
Pág. 158: "El día que de él comieres..." (el día que te rebeles) —Véase Génesis 2:17.
Pág. 158: Adán vivió por cientos de años —Véase Génesis 5:5.

Capítulo seis

Págs. 173–174: "Dios está en la reunión de los dioses..." —Salmos 82:1–8.
Pág. 179: "Ha un mal que he visto..." —Eclesiastés 19:5–7, 16.
Pág. 181: "Cual es su pensamiento en su corazón..." —Véase Proverbios 23:7.
Pág. 182: La fe, o el creer, viene del oír... —Véase Romanos 10:17.

Capítulo siete

Pág. 188: "Y señoree..." —Génesis 1:26 ["tenga dominio"].
Pág. 190: "Rey de reyes" —1ra Timoteo 6:15; Apocalipsis 17:14; Apocalipsis 19:16.
Pág. 191: "En el principio era el Verbo..." —Juan 1:1–5, 9.
Pág. 193: "Conocerás la verdad..." —Juan 8:32.
Pág. 193: "De cierto os digo" —Véase, por ejemplo, Mateo 6:2; Marcos 9:41; Lucas 18:17, Juan 8:51.
Pág. 193: "Yo soy el camino y la verdad..." —Juan 14:6.
Pág. 194: "En él estaba la vida..." —Juan 1:5.
Pág. 194: "La luz verdadera..." Juan 1:9.
Pág. 195: "Recibiréis poder..." —Hechos 1:8.
Pág. 195: "Los dejo para volver al Padre..." —Véase Juan 14:16–18, 25–26.
Pág. 196: "No os conforméis..." —Romanos 12:2.

El Espíritu de Liderazgo

Capítulo ocho

Pág. 201: "Este sentir que hubo…" —Filipenses 2:5.

Pág. 201: "Renovaos en el espíritu de vuestra mente" —Efesios 4:23.

Pág. 201: "El que tiene oídos para oír…" —Véase, por ejemplo, Marcos 4:9; Lucas 8:8.

Capítulo nueve

Pág. 209: "Somos hechura suya…" —Efesios 2:10.

Pág. 212: "El que está en vosotros…" —1ra Juan 4:4.

Pág. 214: "Deja ir a mi pueblo" —Véase, por ejemplo, Éxodo 5:1.

Pág. 215: "Esfuérzate y sé valiente…" —Josué 1:6.

Pág. 216: "¿Cuál es el gran mandamiento en la ley…?" —Mateo 22:36.

Pág. 216: "Amarás a tu prójimo…" —Véase Mateo 22:39.

Capítulo diez

Pág. 225: "Te dé [Dios] conforme al deseo…" —Salmos 20:4.

Pág. 226: "Deléitate asimismo en Jehová…" —Salmos 37:4.

Pág. 231: "Yo conozco tus obras…" —Apocalipsis 3:15-16.

Pág. 232: "¿Son [esos hombres] hebreos? Yo también…" —2da Corintios 11:22–28.

Capítulo once

Pág. 235: "En el principio creó Dios…" —Génesis 1:1–3.

Pág. 237: "Más el justo vivirá…" —Hebreos 10:38.

Capítulo doce

Pág. 240: "Todas las cosas me son lícitas…" —1ra Corintios 6:12.

Pág. 241: "No que lo haya alcanzado ya…" —Filipenses 3:12–14.

Capítulo trece

Pág. 244: "Muchos pensamientos hay…" —Proverbios 19:21.

Pág. 245: "No tiene rienda…" —Proverbios 25:28.

Capítulo catorce

Pág. 250: "…No es bueno que el hombre esté solo…" —Génesis 2:18.

Referencias de las Escrituras

Pág. 250: "Hagamos al hombre a nuestra imagen…" —Génesis 1:26.
Pág. 250: "Y envié delante de ti a Moisés…" —Miqueas 6:4.
Pág. 250: El suegro de Moisés aconsejándole para que delegue. —Véase Éxodo 18:5–24.
Pág. 251: Jesús envió a sus discípulos de dos en dos —Véase Marcos 6:7; Lucas 10:1.
Pág. 251: "De la manera que en un cuerpo tenemos…" —Romanos 12:4–6.

Capítulo quince

Pág. 255: "Revestido del nuevo…" —Colosenses 3:10.
Pág. 256: Varios métodos de Jesús para sanar —Véase Mateo 9:27–30; Mateo 20:30; Marcos 8:22–25; Marcos 10:46–52.
Págs. 256-257: Jesús multiplicó cinco panes y dos peces —Véase, por ejemplo, Mateo 14:14–21.
Pág. 257: Varios métodos de Jesús para levantar a los muertos —Véase Lucas 7:11–15; Marcos 5:35–42; Juan 11:38–44.
Pág. 257: Jesús caminó sobre las aguas —Véase Mateo 14:22–32; Juan 6:16–21.
Pág. 257: Jesús dirigiendo a Pedro para encontrar dinero dentro del pez, para pagar los impuestos —Véase Mateo 17:24–27.
Pág. 257: "No os acordéis de las cosas pasadas…" —Isaías 43:18–19.
Pág. 258: "…Aquel que es poderoso para hacer todas las cosas mucho más abundantemente…" —Efesios 3:20.

Capítulo dieciséis

Pág. 261: "Cada uno por lo…" —Filipenses 2:4–7.
Pág. 261: "Mi comida es que haga la voluntad…" —Juan 4:34.
Pág. 261: "Las obras que el Padre…" —Juan 5:36.
Pág. 261: "La cual el Hijo del Hombre os dará…" —Juan 6:27.
Pág. 262: "Todo lo que hagáis, hacedlo de corazón…" —Colosenses 3:23–25.

Capítulo diecisiete

Pág. 264: "Había en una ciudad un juez…" —Lucas 18:2–8.
Pág. 265: "¿Quién de vosotros que tenga un amigo…?" —Lucas 11:5–10.

El Espíritu de Liderazgo

Capítulo dieciocho

Pág. 269: "Sin profecía..." —Proverbios 29:18.
"Donde no hay visión, el pueblo se desenfrena"—*LBLA*.
"Donde no hay visión, el pueblo se extravía" —*NVI*.

Capítulo veinte

Págs. 276–277: Para los relatos de Caleb, véase Números 13:1–14:24; Josué 14:6–15.
Pág. 277: "A nuestro parecer, como langostas..." —Números 13:33.
Pág. 277: "Pero a mi siervo Caleb..." —Números 14:24.
Pág. 278: "El que quiera hacerse grande..." —Mateo 20:26, 28.

Notas bibliográficas

Introducción
1. Joseph Guinto, "Lie, Cheat, and Steal Your Way to the Top" (Mentir, trampear y robar, su manera para llegar a la cima), *American Way,* 15 de Julio de 2004, 32–35.

Capítulo uno
2. <http://www.wisdomquotes.com/cat_attitude.html> (14 de Junio de 2004).

Capítulo dos
3. Francis Hesselbein, Marshall Goldsmith, Richard Beckhard, eds., *The Leader of the Future (El Líder del Futuro)* (San Francisco: Josse-Bass Publishers, 2000), xxii.
4. Lewis Copland, Lawrence Wl. Lamm, y Stephen J. McKenna, eds., *The World's Great Speeches (Los Mejores Discursos del Mundo)* (Mineola, New York: Dover Publications, Inc., 1999), 753.
5. Winston S. Churchill, ed., *Never Give In!: The Best of Winston Churchill's Speeches (¡Nunca se Rinda!: Lo mejor de los discursos de Winston Churchill)* (New York: Hyperion, 2003), xxviii.
6. *Churchill: The Life Triumphant (Churchill: La vida triunfante),* compilado por *American Heritage Magazine* y *United Press International* (American Heritage Publishing Co., Inc,) 93.
7. *¡Nunca se Rinda!,* 229.
8. *The World's Great Speeches (Los Mejores Discursos del Mundo),* 885.
9. Roy P. Basler, ed., *Abraham Lincoln: His Speeches and Writings (Abraham Lincoln: Sus discursos y sus escritos)* (Cambridge, Massachussets: Da Capo Press, 2001), 577–78.
10. Ibid, 688.
11. Ibid, 793.
12. *The World's Great Speeches (Los Mejores Discursos del Mundo),* 864–866.
13. <http://www.saidwhat.co.uk/quotes/m/mother_teresa_707.php> (22 de Noviembre de 2004).
14. <http://www.lucidcafe.com/library/95aug/motherteresa.html> (20 de Junio de 2004).

[15] Para una discusión más detallada sobre este tema, por favor refiérase al libro del Dr. Munroe, *The Principles and Power of Vision* (*Los Principios y el Poder de la Visión*) (New Kensington, Pennsylvania: Whitaker House, 2003).

Capítulo tres

[16] W. E. Vine, Merril F. Unger y William White Jr., eds., *Diccionario Expositivo Completo de las Palabras del Antiguo y Nuevo Testamento de Vine.* (Nashville: Thomas Nelson Publishers, 1996), 244.

[17] Ibid., 136.

[18] Ibid.

[19] *Concordancia Exhaustiva de Strong*, #H7287.

[20] Francis Hesselbein, Marshall Goldsmith, Richard Beckhard, eds., *The Leader of the Future* (*El Líder del Futuro*) (San Francisco: Josse-Bass Publishers, 2000), xxiii.

[21] *Diccionario Expositivo Completo de Vine*, 392.

[22] *Strong*, #G2523.

Capítulo cuatro

[23] David Allen, *Contemplation* (*Contemplación*) (Malean, Virginia: Curtain Call Productions, 2004), 16–17.

[24] *Strong*, #H3820 y *NCEB*, #H3820.

Capítulo cinco

[25] W. E. Vine, Merril F. Unger y William White Jr., eds., *Diccionario Expositivo Completo de las Palabras del Antiguo y Nuevo Testamento de Vine.* (Nashville: Thomas Nelson Publishers, 1996), 50–51.

[26] *Strong*, #H3335 y #H1129.

[27] *Strong*, #H2403.

Capítulo seis

[28] *Strong*, #G4102.

Capítulo siete

[29] Clifford Pinchot, "Creating Organizations with Many Leaders", en *The Leader of the Future* ("Creando organizaciones con muchos líderes", en *El Líder del Futuro*), eds. Francis Hesselbein, Marshall

Notas

Goldsmith, Richard Beckhard, 27-28 (San Francisco: Jossey-Bass Publishers, 2000).

30 *Strong,* #G3056.

Capítulo ocho

31 *NCEB,* #G1995.

32 <http://www.motivational-inspirationa-corner.com/getquote.html?categoryid=3> (14 de Junio de 2004).

33 John Maxwell, *Developing the Leader Within You* (Desarrollando el líder que está en usted) <http://www.inspirationline.com/Quotes/inspirational-quotes-attitude-perception-optimism.htm> (7 de Noviembre de 2004).

Capítulo nueve

34 <http://www.quotegarden.com/yearbook.html>

35 La cita original de Paul Meier es: "Las actitudes no son más que hábitos del pensamiento, y los hábitos pueden ser adquiridos".

Capítulo catorce

36 Glenn Parker, *Teamwork* (*Trabajo en Equipo*) (Successories Library Inc., 1998), 4-40: títulos de los capítulos.

37 <http://www.kenblanchard.com/highfive/index.cfm> (7 de Noviembre de 2004).

Capítulo dieciséis

38 <http://www.time.com/time/poy2000/archive/1984.html> (7 de Febrero de 2004).

Una palabra para el Tercer Mundo

39 William Arthur Ward; el escrito original es: "...el realista ajusta las velas". <http://en.thinkexist.com/quotation/the_pessimist_complains_about_the_wind-the/227505.html> (18 de Noviembre de 2004).

40 Albert Einstein <http://www.brainyquote.com/quotes/quotes/a/alberteins131187.html> (18 de Noviembre de 2004).

Acerca del autor

El Dr. Myles Munroe es un ponente motivador internacional, autor de libros de mayor venta, disertante, educador y asesor para el gobierno y los negocios. Viajando extensamente alrededor del mundo, el Dr. Munroe trata temas críticos que afectan el desarrollo social y espiritual de los individuos. El tema central de su mensaje es la transformación de seguidores a líderes, y, la maximización del potencial individual.

Él es el fundador y presidente del Ministerio Internacional de Fe de las Bahamas una red completa de ministerios localizados en Nassau, Bahamas. Es el presidente y jefe ejecutivo de la Asociación de Líderes Tercermundistas y del Instituto Internacional de Entrenamiento de Liderazgo para el Tercer Mundo. También, es el fundador, productor ejecutivo y locutor principal de varios programas radiales y televisivos que son transmitidos mundialmente y es un escritor colaborador de varias ediciones de la Biblia, revistas y boletines informativos, incluyendo *The Believer's Topical Bible, The African Cultural Heritage Topical Bible, Charisma Life Christian Magazine* y *Ministries Today*. Él ha obtenido sus licenciaturas de *Oral Roberts University*, de la *University of Tulsa*, y, le fue otorgado un doctorado honorífico de *Oral Roberts University,* por lo cual, es un profesor asociado de la *Graduate School of Theology*.

ACERCA DEL AUTOR

El Dr. Munroe y su esposa, Ruth, viajan juntos como oradores de seminarios. Ambos son líderes que ministran con corazones sensibles y una visión internacional. Son padres orgullosos de sus dos hijos, Charisa y Myles, Jr.

Entendiendo el Propósito y el Poder de la Oración
Dr. Myles Munroe

Dios, el Dios Altísimo, Dios el Creador de los cielos y la tierra—el mismo Dios en todo Su poder y en toda Su majestad, se detiene y escucha cuando usted ora. Todo lo que Dios es—y todo lo que Dios tiene—puede ser recibido por medio de la oración. Dios le ha dado a la humanidad una licencia terrenal para la interferencia celestial. El Dr. Myles Munroe proveyendo respuestas prácticas a preguntas difíciles acerca de la comunicación con Dios. Prepárese a entrar en una nueva dimensión de fe, a una revelación del amor de Dios más profunda y a renovar el entendimiento de que sus oraciones verdaderamente pueden mover la mano de Dios.

ISBN: 0-88368-964-2 • Rústica • 272 páginas

WHITAKER HOUSE

www.whitakerhouse.com

Los Principios y el Poder de la Visión
Dr. Myles Munroe

El autor de best-sellers, Dr. Myles Munroe explica la forma cómo tú puedes llegar a hacer de tus sueños y de tus esperanzas una realidad viviente. *Los Principios y el Poder de la Visión* te va a proveer con principios que han sido probados a través de los tiempos, y que te van a capacitar para poder llevar a cabo tu visión, sin importar quién eres tú, o de dónde vienes tú.

ISBN: 0-88368-965-0 • Rústica • 272 páginas

www.whitakerhouse.com

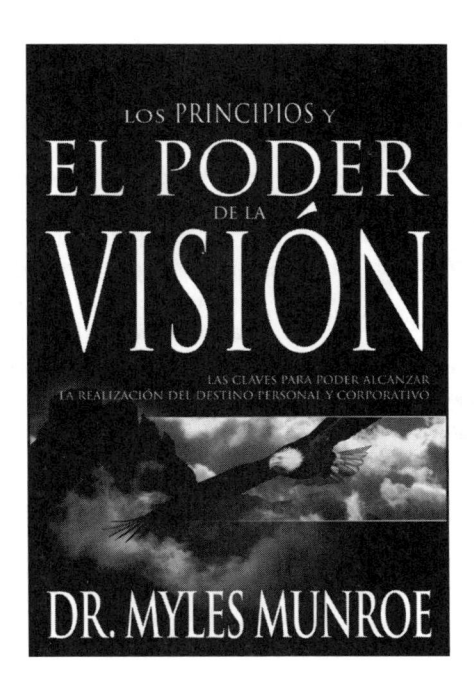

Entendiendo el Propósito y el Poder de la Mujer
Dr. Myles Munroe

El autor de best sellers Dr. Myles Munroe examina las actitudes de la sociedad hacia las mujeres. Para poder estar viviendo en forma exitosa en el mundo, las mujeres necesitan una nueva consciencia de quiénes son, así como nuevas habilidades que les permitan enfrentar los retos de hoy en día. Si usted es hombre o mujer, casado o soltero, este libro le ayudará a entender a la mujer en la forma como ella debe ser.

ISBN: 0-88368-314-8 • Rústica • 240 páginas

Entendiendo el Propósito y el Poder de los Hombres
Dr. Myles Munroe

Hoy en día, el mundo está mandando señales conflictivas acerca de lo que significa ser un hombre. Muchos hombres se están preguntando quiénes son realmente y cuáles son sus funciones en la vida—como hombre, como esposo y como padre. Cuando los hombres entienden el propósito que Dios les ha dado, y el verdadero diseño de su relación con las mujeres, ellos van a ser capaces de cumplir su destino y todo su potencial. Este libro te va a ayudar a que entiendas al hombre en la forma en que debe de ser.

ISBN: 0-88368-963-4 • Rústica • 288 páginas

WHITAKER HOUSE

www.whitakerhouse.com